Riccardo Pelizzo
Abel Kinyondo

Governação em África

Riccardo Pelizzo
Abel Kinyondo

Governação em África

ScienciaScripts

Imprint

Any brand names and product names mentioned in this book are subject to trademark, brand or patent protection and are trademarks or registered trademarks of their respective holders. The use of brand names, product names, common names, trade names, product descriptions etc. even without a particular marking in this work is in no way to be construed to mean that such names may be regarded as unrestricted in respect of trademark and brand protection legislation and could thus be used by anyone.

Cover image: www.ingimage.com

This book is a translation from the original published under ISBN 978-620-2-02171-5.

Publisher:
Sciencia Scripts
is a trademark of
Dodo Books Indian Ocean Ltd. and OmniScriptum S.R.L publishing group

120 High Road, East Finchley, London, N2 9ED, United Kingdom
Str. Armeneasca 28/1, office 1, Chisinau MD-2012, Republic of Moldova, Europe
Printed at: see last page
ISBN: 978-620-7-88148-2

Governação em África

Editado por Riccardo Pelizzo e Abel Kinyondo

ÍNDICE DE CONTEÚDOS

Capítulo 1 — 6

Capítulo 2 — 8

Capítulo 3 — 21

Capítulo 4 — 33

Capítulo 5 — 45

Capítulo 6 — 62

Sobre os autores

M J Balogun é um especialista de renome internacional em reforma da função pública, gestão de pastas ministeriais, contratos de desempenho, monitorização e avaliação de projectos. Foi membro do Comité Presidencial para a revisão do processo de reforma da função pública na Nigéria, conselheiro principal no Departamento de Assuntos Económicos e Sociais, UNDESA, conselheiro principal para a reforma da governação e da administração pública na Comissão Económica das Nações Unidas para África, em Adis Abeba, Etiópia (de 1987 a 2003). Antes de entrar para a ONU em 1987, foi Diretor-Geral e Diretor Executivo do Colégio do Pessoal Administrativo da Nigéria. Leccionou em universidades de renome, acabando por obter o estatuto de Professor de Administração Pública.

A sua formação inclui o BA (Hons) (Admin) da Universidade Ahmadu Bello, Zaria; o MA em Economia (com Distinção) da Universidade Vitoriana de Manchester; e o Doutoramento em Gestão do Sector Público da Universidade de Leeds, Reino Unido.

O Professor Balogun publicou livros de texto altamente conceituados e mais de sessenta artigos revistos por pares sobre a reforma do sector público, ética e responsabilidade, e governação em instituições supranacionais. Entre as suas principais publicações contam-se Public Administration in Nigeria: a Developmental Approach (Macmillan, Basingstoke, 1983); The Route to Power in Nigeria: a Dynamic Engagement Option for Serving and Aspiring Leaders (Palgrave-Macmillan, Nova Iorque, 2009); Head Hunting for World Peace: an inside view of UN employment law and practices, (PublishAmerica, Baltimore, 2010); Hegemony and Sovereign Equality: the interest contiguity theory in international relations (Springer, Nova Iorque, 2011); e com o Professor Gelase Mutahaba, Economic Restructuring and African Public Administration (Kumarian, West Hartford, CT., 1989).

É o editor fundador do *African Journal ofPublic Administration and Management,* uma revista que editou durante oito anos (1992-2000). Foi também conselheiro editorial da Kumarian Press e membro do conselho editorial de importantes revistas de administração pública. Está no Facebook, Twitter e LinkedIn. Vive atualmente no Canadá.

Omer Baris é professor assistente de economia na Escola Superior de Políticas Públicas da Universidade Nazarbayev em Astana, no Cazaquistão.

Neil Collins é professor de ciência política na Escola de Humanidades e Ciências Sociais da Universidade Nazarbayev em Astana, no Cazaquistão.

Niamh Collins é estudante de pós-graduação em Direito na University College Cork, Irlanda.

Anteriormente, estudou Filosofia e Religião. A sua carreira levou-a também a postos no Japão e nos Estados Unidos.

Abel Kinyondo é o Diretor de Investigação Estratégica da REPOA, um importante grupo de reflexão na Tanzânia especializado em questões socioeconómicas. Dirigiu o Departamento de Geografia e Economia da Universidade de Dar es Salaam (DUCE) e trabalhou anteriormente para o Programa de Desenvolvimento das Nações Unidas. Tem um doutoramento da Universidade de Monash (Austrália), uma distinção no Mestrado de Arte (Economia) da Universidade do Botswana e uma licenciatura em Economia de primeira classe da Universidade da Namíbia. O Dr. Kinyondo tem mais de 10 anos de experiência de investigação, tendo publicado em revistas de renome internacional, como a Oxford's *Development Studies* e a *Parliamentary Affairs.* Também liderou várias equipas de peritos na formulação de diversas políticas socioeconómicas, regulamentos e códigos de ética na Tanzânia e não só. O Dr. Kinyondo investiga atualmente questões relacionadas com o desenvolvimento de empresas, emprego, industrialização, gestão de recursos naturais e governação.

Rudzani Albert Makhado nasceu na aldeia de Dididi, província do Limpopo, África do Sul. Está atualmente a concluir o seu doutoramento na Universidade de Limpopo (África do Sul). Makhado tem um Mestrado em Ciências da Universidade de Limpopo (África do Sul) e outro Mestrado em Gestão de Catástrofes da Universidade de Free State (África do Sul). Makhado começou a trabalhar no Conselho para a Investigação Científica e Industrial (África do Sul) como investigador assistente (2004-2006) e mais tarde foi promovido a investigador (2006-2008). Trabalhou também no Departamento de Agricultura, Florestas e Pescas como Analista de Dados Biofísicos (2008). De 2008 a 2009, foi nomeado Oficial Principal de Energia no Departamento de Energia, responsável por projectos de energias renováveis. Makhado regressou ao Ministério da Agricultura, Florestas e Pescas em 2009 como Diretor Adjunto responsável pela coordenação da investigação florestal nacional. Tem uma vasta experiência de investigação nos sectores público e privado. Publicou 27 artigos em revistas revistas por pares, 10 artigos em publicações populares, 7 comunicações em conferências, 5 capítulos de livros e 1 livro. Trabalhou em vários projectos, tais como energias renováveis, utilização e gestão de recursos naturais, supervisão e responsabilização. Os seus interesses de investigação incluem etnobotânica, ecologia, supervisão e responsabilidade. Makhado é atualmente o Gestor Sénior no Gabinete do Presidente da Assembleia Legislativa do Limpopo (África do Sul).

Richard Mushi, (CPA (T), MBA (Finanças), Doutoramento (Humanidades). Trabalhou formalmente na Universidade de Dar es Salaam, na Tanzânia, como professor catedrático de contabilidade e finanças. Trabalhou com o Ministério responsável pelas autoridades locais na Tanzânia como consultor em questões de governação no âmbito do Programa de Reforma do Governo Local II. Atualmente, trabalha como consultor independente, centrando-se no reforço institucional no subsector das autarquias locais. Trabalhou igualmente com o Governo central, prestando apoio ao lançamento de programas de reforma dos serviços públicos. Também escreveu muitos relatórios publicados em livros editados e publicou localmente vários artigos em algumas revistas.

Riccardo Pelizzo é Professor Associado de Políticas Públicas e Vice-Decano para os Assuntos Académicos na Escola Superior de Políticas Públicas da Universidade de Nazarbayev. Especialista em desenvolvimento, realizou uma extensa investigação no terreno em vários países africanos. Tem um doutoramento da Universidade Johns Hopkins (EUA), um mestrado em Ciências Políticas e uma licenciatura da Universidade de Bolonha. O Dr. Pelizzo, com os seus quase vinte anos de experiência em investigação, recebeu várias bolsas de estudo, bolsas de estudo, subsídios, prémios e condecorações. Atualmente, em colaboração com o Dr. Zim Nwokora, está a explorar as causas e as consequências da mudança do sistema partidário na África Subsariana.

Introdução

Durante muitos anos, a comunidade internacional tem defendido sistematicamente que a boa governação é importante. Por exemplo, estudos realizados por Susan Rose-Ackermann ou Daniel Kaufmann demonstraram sistematicamente que, independentemente da forma como se mede a boa governação e o desenvolvimento, níveis elevados de desenvolvimento socioeconómico estão associados a níveis elevados de boa governação, enquanto níveis baixos de desenvolvimento socioeconómico estão associados a níveis baixos de boa governação.

Os estudos incluídos neste volume são dedicados ao desenvolvimento de uma melhor compreensão da governação e da boa governação em África, das suas causas, das suas consequências e das formas como a boa governação pode ser reforçada na região.

O esforço mais óbvio para compreender a governação em África é representado pelo capítulo de M J Balogun, Richard Mushi e Abel Kinyondo que apresentam os resultados de uma análise aprofundada das práticas e desafios da governação em vários ministérios na Tanzânia. A importância do estudo é, a nosso ver, dupla. É importante, em primeiro lugar, porque se baseia numa análise empírica rica de um país e de uma região para os quais nem sempre é muito fácil recolher e, portanto, analisar dados originais. A segunda razão pela qual o estudo é importante é porque, em vez de repetir que a boa governação é importante; que a boa governação se refere ao Estado de direito, à qualidade do quadro regulamentar, à estabilidade política, à capacidade de controlar a corrupção, à voz e à responsabilidade; que os países em desenvolvimento precisam de aumentar o nível de boa governação para atingirem os seus objectivos de desenvolvimento, analisa concretamente a forma como a governação funciona e fá-lo centrando-se na governação das agências - um tópico que, como os autores observam, tem sido até agora largamente negligenciado.

Os capítulos de Rudzani Makhado, Kinyondo e Pelizzo, e de Neil e Niamh Collins são dedicados à forma como a boa governação pode ser melhorada. Kinyondo e Pelizzo analisam o papel, a estrutura, os poderes e a função das comissões de contas públicas na África Austral. Este estudo, tal como o capítulo de Makhado sobre a forma como os comités de contas públicas supervisionam as empresas públicas, é elaborado com base no pressuposto de que a boa governação é importante, que a transparência e a responsabilidade podem aumentar o nível de boa governação, que a supervisão é essencial para garantir a responsabilidade e que os comités de contas públicas, ao supervisionarem as despesas do dinheiro público, estão entre os determinantes institucionais mais importantes - se funcionarem corretamente - da boa governação. O trabalho de Kinyondo, Makhado e Pelizzo está muito em linha com a abordagem da comunidade internacional e das organizações internacionais à boa governação e ao desenvolvimento. O capítulo de Neil e Niamh Collins, por outro lado, é bastante interessante porque não se limita a abordar uma literatura que os académicos que trabalham sobre a boa governação geralmente ignoram, mas também, e mais importante, porque mostra que existem soluções africanas para os problemas africanos. A boa governação (ou uma das suas subdimensões, como, neste caso, a estabilidade política) pode ser melhorada não só através da implementação de soluções defendidas pela comunidade internacional, mas também através da implementação de soluções locais.

O capítulo de Baris e Pelizzo é dedicado à questão de saber se, como e em que medida a boa governação é importante. Ao analisar um conjunto de dados original, este capítulo revela que a boa governação é, de facto, importante. A boa governação tem - como os estudos anteriores geralmente demonstraram ou assumiram - um impacto significativo na qualidade do ambiente empresarial e na continuidade das políticas a curto prazo, mas não tem qualquer impacto no afluxo líquido de investimentos directos estrangeiros que, curiosamente, também não são afectados nem pela qualidade do ambiente empresarial nem pela continuidade das políticas a curto prazo.

Dado o enfoque dos vários capítulos, o pluralismo metodológico demonstrado pelos vários autores e a originalidade das conclusões aqui apresentadas, acreditamos que Governação em África contribui para o avanço da compreensão académica tanto da boa governação como da região africana e, por esta razão, acreditamos que pode ser apelativo para académicos, profissionais, decisores políticos e, muito especialmente, líderes africanos.

Riccardo Pelizzo - Abel Kinyondo.

Um estudo de diagnóstico sobre a governação das agências: práticas e desafios na função pública da Tanzânia

M J Balogun, Richard Mushi e Abel Kinyondo

Ao contrário da governação genérica, que já existe há bastante tempo, a governação das agências é um novo campo de estudo. Enquanto a primeira lida com as questões políticas centrais - nomeadamente, as questões de poder, obediência e a ligação entre os dois - a governação das agências centra-se no padrão de interação entre os decisores das agências e os agentes de prestação de serviços, por um lado, e os beneficiários e intervenientes internos e externos dos serviços, por outro. Compreender a dinâmica da governação da agência implica interrogar as estipulações organizacionais formais juntamente com as orientações cognitivas e afectivas das partes interessadas.

A Tanzânia marcou recentemente o ritmo na governação das agências ao facilitar a realização de um estudo de diagnóstico das práticas e desafios em ministérios seleccionados. O processo começou com a UONGOZI, um importante grupo de reflexão, a constituir uma equipa de investigação para conceber e administrar instrumentos de inquérito, primeiro em dois ministérios-piloto e, posteriormente, em seis. A equipa era constituída por M J Balogun, como chefe de equipa, e por Richard Mushi e Abel Kinyondo, como membros.

O objetivo do estudo de diagnóstico era avaliar as percepções das práticas e desafios de governação dentro dos ministérios participantes, como um primeiro passo para identificar as medidas que devem ser instituídas em todo o espetro do governo para cumprir os mandatos estatutários e responder às preocupações dos cidadãos. Na prossecução deste objetivo, o projeto examinou não só a estrutura organizacional e o mandato dos ministérios governamentais, mas também os factores, formais e informais, responsáveis pelo funcionamento, eficiência e eficácia dos ministérios.

O estudo produziu dados de base e recomendações baseadas em provas para apoiar as iniciativas de melhoria do desempenho em curso no governo da Tanzânia. Espera-se que as lições aprendidas com o esforço inicial ajudem a traçar o curso e a metodologia adoptada na realização de futuras investigações empíricas neste domínio.

Entretanto, o estudo oferece aos ministérios inquiridos um espelho de duas faces para se observarem a si próprios. Um lado (que pode ser equiparado a uma 'selfie') mostra a imagem da governação da agência vista de dentro, ou seja, tal como é percepcionada pelos funcionários. O outro lado fornece vislumbres das agências a partir do exterior - ou seja, do ponto de vista dos beneficiários dos serviços e de outras partes interessadas externas.

Enquanto esforço pioneiro, o estudo de diagnóstico só pode produzir conclusões provisórias - ou seja, conclusões que estudos posteriores podem confirmar ou refutar. Mesmo assim, e sem prejuízo das conclusões que possam surgir de estudos de diagnóstico subsequentes, o esforço inicial levantou questões críticas de governação das agências e destacou medidas que devem ser instituídas a curto e médio prazo para elevar os padrões de governação das agências dentro e entre ministérios. Em conformidade com o código de anonimato da função pública, o presente resumo captou as principais conclusões, mas, ao mesmo tempo, omitiu os nomes dos ministérios e de outros inquiridos que expressaram opiniões sobre qualquer tópico.

De um modo geral, os modestos esforços feitos até agora para diagnosticar as práticas e os desafios da governação das agências dentro e entre os ministérios indicam, entre outras coisas, que:

- os mandatos das agências estão sujeitos a interpretações diversas por parte de vários grupos de interessados;
- mesmo os funcionários de carreira são susceptíveis de ver os mandatos das suas agências de diferentes ângulos;
- a ausência de uma visão partilhada é capaz de minar a capacidade das agências para alinhar os planos a médio prazo com os mandatos estatutários, fazer corresponder o desempenho individual às expectativas da empresa e, o que é mais importante, alinhar os processos e resultados ministeriais com as exigências dos cidadãos;
- a incapacidade de alinhar os processos internos com as exigências externas pode ter contribuído, em grande medida, para o declínio da confiança nos funcionários públicos.

Problemas persistentes de governação das agências

A Tanzânia tem vindo a atribuir sistematicamente grande importância à reforma da função pública. Espera-se que a reengenharia dos *processos* até agora empreendida produza, a prazo, *resultados* positivos. É provável que tal aconteça se forem tomadas medidas explícitas para reforçar as ligações entre os projectos de gestão da mudança e para garantir que cada um complementa, em vez de contradizer, o outro.

As Cartas de Serviço ao Cliente são um exemplo disso. A informação disponível, incluindo a análise das respostas ao inquérito recente, confirma que os contributos dos clientes (em organizações empresariais e cívicas) não foram amplamente solicitados antes de as Cartas serem promulgadas. Cada Carta é, portanto, basicamente um contrato elaborado por uma parte (especificamente uma agência governamental), com base na sua "crença", como indica a declaração de missão de um Ministério, de que os seus clientes "têm o direito de esperar...." Se for este o caso, a estratégia da carta de serviços tem de ser drasticamente revista. Pelo menos, nenhuma carta deve ser promulgada até que as expectativas de prestação de serviços dos clientes tenham sido apuradas. Entre os métodos experimentados e testados para conhecer as preferências dos cidadãos contam-se a administração de questionários de inquérito aos beneficiários, a avaliação da qualidade dos serviços pelos beneficiários e a realização de entrevistas a grupos de discussão.

Em todo o caso, as cartas de serviços não podem ser autónomas. Têm de ser apoiadas por outros instrumentos e mecanismos. Os processos que o inquérito recentemente concluído considera críticos incluem:

- consulta dos "cidadãos-clientes" para avaliar as suas expectativas, a sua avaliação da qualidade e das normas dos serviços prestados até à data e as alterações às modalidades de prestação de serviços que considerem necessárias;
- formulação de indicadores e normas de desempenho ditados pelo cliente (incluindo normas de produção, tempo, custo e qualidade);
- a incorporação das normas nos contratos ministeriais de desempenho, nos objectivos de desempenho negociados entre os gestores das agências e os prestadores de serviços sob a sua supervisão e nos orçamentos evolutivos e baseados nos resultados;
- racionalização e reengenharia de processos (para eliminar movimentos/métodos de trabalho pesados, morosos e inúteis);
- criação de canais de comunicação com os cidadãos-clientes (linhas telefónicas, portais Internet e intranet, serviços de apoio ao cliente/gabinetes de atendimento para contactos presenciais);
- a disponibilização de vias para a resolução de queixas ou a retificação de falhas; e
- criação de mecanismos de reação dos cidadãos/clientes.

O estudo de diagnóstico também constata que as promessas de prestação de serviços incorporadas nas Cartas de Serviços ao Cliente tomam como certo o compromisso de vários quadros de funcionários para a entrega de *quantidades específicas e qualidade de produtos/resultados/resultados dentro de prazos bastante precisos*. No entanto, será difícil cumprir as promessas de prestação de serviços se não existir um mecanismo que responsabilize os vários níveis de funcionários (Ministros, Secretários Permanentes, gestores intermédios, prestadores de serviços/funcionários de atendimento) pela entrega de resultados razoavelmente mensuráveis e/ou perceptíveis. Esta é a essência dos contratos ministeriais de desempenho, dos objectivos de desempenho com prazos e resultados definidos para as agências e os seus funcionários, dos orçamentos baseados em resultados e dos mecanismos e instrumentos de avaliação do desempenho da função pública administrados para acompanhar o progresso ao longo do tempo.

A existência de instrumentos eficazes de acompanhamento e avaliação é particularmente importante para a execução bem sucedida dos contratos de desempenho ministerial e para a consecução dos objectivos de execução negociados individualmente. Para além de racionalizar os instrumentos convencionais de avaliação do desempenho (tais como os relatórios trimestrais e anuais de avaliação do desempenho, os questionários de inquérito aos beneficiários, a inspeção no local e a certificação dos projectos pelos representantes cívicos e a aplicação de mecanismos de acompanhamento do orçamento), o secretariado central da reforma tem de colaborar com outros ministérios e departamentos na conceção de um software que permita o acompanhamento e a avaliação dos progressos *em tempo real*. O sistema baseado nas TIC e na Internet deve ser acompanhado de um painel de controlo que emita sinais vermelhos quando os prazos se aproximam e os obstáculos à realização dos objectivos ainda não foram eliminados.

Clarificar os mandatos e promover o consenso na interpretação

A primeira conclusão notável, embora provisória, sobre os mandatos ministeriais é a falta de unanimidade entre os inquiridos quanto a *uma* frase que resuma adequadamente o que cada agência representa ou pretende alcançar. Em vez de se destacar *um* objetivo que distinga uma agência de outra, ou pelo menos que melhor resuma a *atividade/missão principal* de cada agência, a maioria dos inquiridos (possivelmente, por boas razões, mas, na sua maioria, convenientemente) vê os seus Ministérios como entidades polivalentes, ou seja, como entidades que aspiram a atingir objectivos abrangentes, tais como planeamento e gestão económica, prestação de serviços e desenvolvimento de infra-estruturas. Se serve de consolo, e quando os inquiridos escolhem ou reconhecem um objetivo como dominante, a "prestação de serviços" encabeça a lista de mandatos emblemáticos. Mesmo assim, o número de ministérios em que a prestação de serviços se destaca como objetivo não ultrapassa os três.

No que se refere à precisão dos mandatos dos ministérios, apenas alguns dos inquiridos dos MDA consideram os mandatos "muito precisos". A maioria assinalou simplesmente "precisos". No entanto, alguns outros inquiridos consideram os mandatos "pouco precisos" ou mesmo imprecisos.

Embora alguns inquiridos considerem que os planos dos seus ministérios estavam "estreitamente alinhados" com os seus mandatos estatutários, a maioria pensa simplesmente que os dois estão "alinhados". Um número estatisticamente insignificante considera que os planos dos ministérios e os mandatos estatutários estão "algo alinhados", "pouco alinhados" ou "totalmente não relacionados".

Para esclarecer quaisquer dúvidas que possam ter existido relativamente ao "motivo" pelo qual os funcionários do Ministério estão nos seus postos a desempenhar várias funções, é aconselhável que os Ministérios envolvam os intervenientes externos e os seus próprios funcionários no processo de revisão e clarificação dos seus mandatos. Isto justifica o alinhamento dos processos internos dos Ministérios (especificamente, a partilha de informação e a gestão do conhecimento) com os seus esforços de divulgação externa.

Promover a unidade de objectivos e desenvolver o espírito de equipa

As respostas dos Ministérios participantes indicam claramente que os políticos e os funcionários de carreira estão em sintonia no que diz respeito ao objetivo da existência dos seus Ministérios. Com a exceção de um Ministério onde apenas 56,7% dos inquiridos pensam que os titulares de cargos políticos e os funcionários de carreira interpretam o mandato do Ministério da mesma forma, a grande maioria dos outros Ministérios vê uma estreita afinidade entre as interpretações dos mandatos dos seus Ministérios por parte dos políticos e dos funcionários de carreira.

A unanimidade de opinião sobre o mandato de cada ministério estende-se às estratégias e tácticas de execução.

O conflito na interpretação dos mandatos também não é acentuado entre os funcionários de carreira. A grande maioria dos inquiridos do MDA respondeu afirmativamente quando lhes foi perguntado se os funcionários de carreira concordam entre si sobre a interpretação dos mandatos dos seus ministérios. A única exceção, desta vez, é um outro Ministério onde uma percentagem relativamente elevada dos inquiridos (20%) considera que os funcionários de carreira discordam entre si sobre a interpretação do mandato do Ministério. Uma possível explicação para este facto é a natureza contenciosa da terra, que é uma componente importante do mandato do Ministério.

É interessante notar que os inquiridos do grupo de intervenientes externos não partilham as opiniões dos seus homólogos do MDA sobre a interpretação do mandato e assuntos relacionados. Sobre o acordo entre os titulares de cargos políticos e os funcionários de carreira, nada menos que 32% dos inquiridos externos vêem os titulares de cargos políticos e os funcionários de carreira em desacordo sobre as estratégias e tácticas para a implementação do mandato da agência.

Uma percentagem ainda mais elevada de inquiridos de organismos cívicos considera que os funcionários de carreira são susceptíveis de pensar e, possivelmente, de trabalhar de forma contraditória. Quando solicitados a indicar se os funcionários de carreira concordam entre si sobre os métodos e processos para a execução dos mandatos dos ministérios, 44% responderam negativamente, enquanto 56% responderam afirmativamente.

A percentagem de inquiridos do MDA que consideram que os seus ministérios "sempre" se basearam na construção de modelos/cenários e em dados empíricos na revisão e/ou implementação de políticas não excedeu 54,5. No entanto, este valor é superior à proporção de inquiridos do grupo de intervenientes externos (28%) que consideram que os ministérios recorreram "sempre/frequentemente" a dados empíricos na revisão e/ou formulação de políticas. A classificação é um fator que influencia as opiniões dos inquiridos dos MDA sobre a frequência da utilização da construção de cenários e de dados empíricos no processo político. Quanto mais alto o inquirido se encontra na hierarquia organizacional, maior é a probabilidade de defender que os MDA recorrem frequentemente a modelos e dados empíricos no processo político.

A percentagem de inquiridos do MDA que considera as regras do pessoal "racionais e facilitadoras do desempenho" é relativamente baixa. Pelo contrário, a maior parte dos inquiridos apenas considera as regras aplicáveis ao pessoal "algo racionais e facilitadoras do desempenho".

Mais uma vez, os inquiridos externos (não-MDA) discordam dos seus homólogos do MDA quanto à eficácia das regras da função pública. A percentagem mais elevada (44%) considera as regras "algo racionais e facilitadoras do desempenho". Curiosamente, quase a mesma percentagem (40%) sustenta que as regras são "pouco racionais e facilitam o desempenho", e outros 4% não têm qualquer opinião sobre o assunto.

Uma descoberta notável é a baixa percentagem de inquiridos que classificam o nível de moral nos seus ministérios como "muito elevado". A proporção de inquiridos da AMD que assim acreditam (ou seja, que o nível de moral do pessoal é "muito elevado") varia entre uns meros 3,3% num Ministério, 6,7% noutro Ministério e 18,2% noutro Ministério ainda.

Se os inquiridos do MDA são circunspectos quanto ao moral no seio da função pública, os que observam de fora são contundentes na sua avaliação do moral dos funcionários públicos. Nenhum considera o nível de moral "muito elevado". Apenas 16% o consideram "elevado". A percentagem mais elevada de inquiridos externos (44%) considera o nível de moral dos funcionários públicos "algo elevado". Por outro lado, quase a mesma percentagem (40%) considera que *o espírito de equipa* da função pública é "baixo" ou "muito baixo". É significativo que nenhum dos inquiridos se tenha abstido (ou assinalado "Não sabe") na resposta a esta pergunta.

Reconfigurar as agências em organizações orientadas para a aprendizagem e para os resultados

Dos resultados até agora disponíveis, parece que a representatividade é uma questão que merece mais atenção. Com exceção de um ministério em que 25% dos inquiridos consideram que o quadro político do ministério é "muito diversificado e representativo", a percentagem que tem a mesma opinião nos outros ministérios é baixa. A maioria considera simplesmente que o quadro político é "diversificado e representativo" e, mesmo assim, a percentagem com esta opinião moderada não ultrapassa os 70,0. Os inquiridos do sexo masculino são mais propensos do que os do sexo feminino a considerar o quadro político diversificado e representativo.

Os dados em que os decisores políticos confiam são tão ou mais importantes do que os modelos mais sofisticados. Esta é a razão para solicitar a opinião dos inquiridos sobre a exatidão, a fiabilidade e a atualidade dos dados disponíveis para os decisores políticos.

Embora os inquiridos do MDA não pareçam ter problemas graves com a informação à disposição dos decisores políticos, os que consideram que a informação é "muito exacta, fiável e atual" estão em minoria. A maioria considera simplesmente que a informação é "exacta e fiável". Quanto mais alto o inquirido estiver na hierarquia da organização, mais provável é que tenha esta opinião, ou seja, que considere que a informação em que os decisores políticos confiam é exacta e fiável.

De qualquer modo, a confiança que os inquiridos do MDA têm na exatidão e fiabilidade dos dados para a tomada de decisões não é amplamente partilhada. Em contraste com cerca de 73% dos inquiridos que consideram os dados "exactos e fiáveis", apenas 20% dos inquiridos dos órgãos cívicos pensam da mesma forma, com a maioria dos inquiridos não pertencentes ao MDA (36%) a considerar os dados "algo exactos e fiáveis". Outro reflexo da falta de confiança dos actores cívicos na fiabilidade dos dados oficiais é a percentagem relativamente elevada (28%) de inquiridos que não pertencem ao MDA que consideram os dados "não muito exactos e fiáveis", e outros 8% que os declaram "totalmente imprecisos e não fiáveis".

Reconhecendo a necessidade de quadros de decisão abertos e participativos, foi pedido aos inquiridos dos ministérios inquiridos que comentassem o âmbito do debate interno e do brainstorming nos processos de planeamento, política e implementação. Apenas alguns dos MDA inquiridos consideram as possibilidades de debate interno e de brainstorming "muito amplas/'ilimitadas", contra a maioria que considera as possibilidades de participação "amplas" e "algo amplas". Segundo todas as indicações, a delegação não é uma prática regular e generalizada nos ministérios que participaram no inquérito. Provavelmente com base nas suas interacções com os agentes de prestação de serviços dentro e fora dos ministérios, bem como na frequência das ocasiões em que os agentes insinuaram ou alegaram falta de autoridade para tomar decisões vitais no local, os inquiridos do grupo de intervenientes externos também concordam basicamente com a opinião predominante dos MDA de que a delegação é um trabalho em curso.

Tendo em conta as constatações precedentes, é essencial que a direção dos diferentes ministérios dê prioridade às medidas destinadas a:

- aumentar a representatividade dos quadros políticos e decisórios;
- promover a democracia no local de trabalho através de uma participação sustentada das bases na tomada de decisões;
- reforçar os mecanismos de delegação de autoridade;
- melhorar a qualidade, a exatidão e a fiabilidade dos dados em que se baseiam as decisões; e
- promover, de um modo geral, o acesso dos cidadãos aos serviços essenciais.

Desenvolver parâmetros de referência e mecanismos de controlo e avaliação do desempenho

Os MDA formulam e executam planos por rotina. No entanto, nem sempre é fácil determinar em que medida os planos são executados tal como foram formulados, e muito menos medir com exatidão o impacto e os resultados. Esta é a essência do controlo e da avaliação. De acordo com a maioria dos MDA inquiridos, existem mecanismos e ferramentas para monitorizar e avaliar o progresso e os desafios na implementação de políticas e programas. No entanto, apenas alguns estão prontos a testemunhar a existência de mecanismos e ferramentas para monitorizar a *eficiência, a eficácia e o impacto* das intervenções do MDA. É, pois, absolutamente necessário desenvolver parâmetros de referência que permitam aos MDA acompanhar a relação entre inputs e outputs, entre processos e desempenho, entre objectivos e realizações efectivas, e entre estas realizações e os resultados/impactos/resultados pretendidos.

Sem prejuízo dos mecanismos e instrumentos aplicados para acompanhar e avaliar os programas, devem ser tomadas medidas proactivas para envolver os cidadãos e os beneficiários dos serviços nos processos de aferição, acompanhamento e avaliação.

É igualmente essencial que vários ministérios procedam a uma avaliação crítica das disposições actuais, com vista a propor medidas adicionais necessárias para alinhar os processos de controlo e supervisão do pessoal com as exigências de responsabilização interna. A atenção deve centrar-se nos seguintes aspectos:

- A eficácia dos instrumentos de acompanhamento e avaliação (como o acompanhamento orçamental, a inspeção dos projectos no local, as avaliações e inquéritos aos beneficiários, os relatórios ministeriais/departamentais sobre o desempenho, o acompanhamento e a revisão dos projectos em linha); e
- A medida em que os instrumentos de avaliação do desempenho existentes medem as realizações e os resultados esperados de cada membro do pessoal, juntamente com os

atributos pessoais (e éticos) relevantes para a realização das tarefas e a consecução dos objectivos desejados.

Reforço da capacidade de supervisão para uma governação inteligente das agências

A responsabilização funciona melhor quando os processos de supervisão interna estão estreitamente alinhados com os mecanismos de controlo externo, incluindo a supervisão ministerial, parlamentar e da sociedade civil.

Como chefe político do seu Ministério, o Ministro desempenha funções de supervisão geral, liderança estratégica e formulação de políticas. No entanto, a responsabilidade pela administração quotidiana de um Ministério recai sobre o Secretário Permanente. Nem o Ministro nem o Secretário Permanente podem funcionar eficazmente na ausência de confiança mútua. A promoção da confiança entre as duas classes de funcionários justifica a clarificação dos papéis e responsabilidades dos funcionários governamentais de topo, em particular, os Ministros e os funcionários superiores do Ministério. Esta é a essência dos Contratos de Desempenho Ministerial entre o Presidente e cada Ministro, e o Acordo de Desempenho, que cada Ministro celebra com o seu Secretário Permanente.

Os resultados do inquérito recentemente realizado em dois e, posteriormente, em seis ministérios sugerem a necessidade de promover o relacionamento entre os titulares de cargos políticos e os funcionários de carreira. Isto justifica ainda a clarificação das linhas de responsabilização e de apresentação de relatórios, bem como a negociação e a elaboração de acordos de desempenho que comprometam os vários quadros de funcionários (desde os Ministros do Conselho de Ministros até aos Secretários Permanentes) a alcançar resultados e efeitos razoavelmente bem definidos e calendarizados.

Além disso, os MDA devem tomar medidas proactivas para associar as partes interessadas dos sectores cívico e privado à formulação e aplicação das políticas. Não existem ainda mecanismos de avaliação regular e contínua do desempenho/impacto dos MDA, nem pelos cidadãos nem pelos beneficiários primários e secundários dos serviços prestados pelas entidades públicas. As empresas privatizadas estão claramente fora do controlo dos cidadãos e são livres de funcionar como ditam as "forças de mercado", independentemente do seu vasto impacto nos cidadãos, das suas tendências monopolistas ou dos "efeitos externos".

Para promover a responsabilização e melhorar a qualidade da governação das agências, recomenda-se que
- O Ministério responsável pela gestão do serviço público lidera e coordena os esforços para
  desagregar os resultados gerais incorporados nos Contratos de Desempenho Ministerial e

traduzi-los em objectivos/resultados de desempenho corporativo e individual (incluindo os padrões de custo, produção, tempo e qualidade que se espera que os agentes de execução cumpram ao longo do tempo);

* Devem ser desenvolvidos e integrados na estrutura organizativa dos MDA mecanismos de participação dos cidadãos na formulação e aplicação de políticas e no acompanhamento e avaliação dos programas;
* Os cidadãos e os beneficiários dos serviços devem ter amplas oportunidades de comunicar com os MDA e de conhecer plenamente as regras de elegibilidade dos serviços, bem como os processos de prestação de serviços.

Criar confiança dos cidadãos no governo

A confiança do público no governo é fundamental para os esforços de cultivar o apoio dos cidadãos às políticas e programas implementados pelos ministérios, departamentos e agências. Mesmo quando estas políticas e programas implicam escolhas difíceis e exigem sacrifícios da parte de todos, a confiança do público é tudo o que resta para ultrapassar os desafios e atingir os objectivos estabelecidos.

Uma questão que a equipa de investigação colocou aos inquiridos do MDA foi se acreditavam que a confiança dos cidadãos nos funcionários públicos era muito elevada. Para surpresa da equipa, nenhum dos inquiridos do MDA assinalou "muito elevada" como resposta a esta questão. A classificação que a maioria (e uns meros 50,8%) dos inquiridos se sentiu suficientemente à vontade para aprovar é "média".

Que tal uma "selfie" da integridade dos próprios funcionários públicos? Apenas alguns dos inquiridos do MDA (uma mediana de 12,9%) têm uma opinião "muito elevada" sobre a integridade dos funcionários públicos e, consequentemente, sobre a sua própria integridade. No entanto, a maioria dos inquiridos do MDA tem uma opinião "elevada" sobre a integridade e o profissionalismo dos funcionários públicos. Esta opinião deve, obviamente, ser contrabalançada com a resposta de 29,3% dos inquiridos que consideram a integridade dos funcionários públicos "algo elevada".

Tal como os seus homólogos do MDA, os inquiridos que não pertencem ao MDA acreditam, em grande medida, que "muito elevado" não descreve com exatidão o nível de integridade dos funcionários públicos. No entanto, diferem ligeiramente dos seus homólogos do MDA no que diz respeito às classificações "elevado" e "algo elevado". Enquanto a maior parte das respostas do MDA se agrupou em torno de "elevado", "algo elevado" é o que a maioria dos inquiridos não pertencentes ao MDA assinalou ao responder à pergunta sobre o nível de integridade dos funcionários públicos.

Os inquiridos do MDA têm claramente uma grande estima pelos quadros superiores. Este facto reflecte-se na avaliação que os inquiridos fazem da integridade do quadro. O preconceito de classe ou de género pode ser imediatamente excluído, uma vez que não há correlação entre as notas ou o género dos inquiridos e as suas respostas. No entanto, os inquiridos que não pertencem ao MDA não partilham totalmente a opinião dos inquiridos do MDA sobre a integridade dos quadros superiores da função pública.

A confiança dos inquiridos dos MDA na capacidade dos seus ministérios para gerir a mudança e a diversidade é notável. 18,9% dos inquiridos classificam a capacidade dos seus ministérios como "muito elevada", 51,7% como "elevada" e 21,7% como "algo elevada". Uma percentagem ínfima, de facto insignificante, (3,3%) classifica os Ministérios como "baixos" em termos de capacidade de gestão da mudança e da diversidade.

Mais uma vez, os inquiridos não pertencentes aos MDA não são tão optimistas como os seus homólogos dos MDA no que respeita à capacidade dos MDA para gerir a mudança, a diversidade e a discórdia. Nenhum dos inquiridos externos classifica a capacidade do serviço público neste domínio como "muito elevada".

As conclusões sobre a confiança dos cidadãos nas disposições de prestação de serviços, por muito hesitantes que sejam, são reveladoras. Nenhum avaliador externo considera as disposições relativas à prestação de serviços "muito eficazes/com grande capacidade de resposta". Para além dos 20% dos inquiridos que consideram as disposições "eficazes/responsáveis" e dos outros 36% que consideram as disposições "algo eficazes/responsáveis", 36% consideram que as disposições são "pouco eficazes/responsáveis". Se acrescentarmos os 8% que consideram as disposições "nem eficazes nem reactivas" ao número anterior, a percentagem de inquiridos não pertencentes ao MDA que estão insatisfeitos com as disposições existentes em matéria de prestação de serviços sobe para 44,0. Há também os 36% que adoptam uma posição intermédia, considerando as disposições de prestação de serviços "algo eficazes/responsáveis".

Se serve de consolo, os comentários aleatórios dos inquiridos não pertencentes aos MDA sobre o desempenho global dos MDA são largamente positivos. O próximo desafio da governação das agências é saber como responder às preocupações dos inquiridos com comentários negativos. O ponto principal é a necessidade de reestruturar os processos de prestação de serviços e de transmitir competências de atendimento ao cliente aos agentes de prestação de serviços.

Bibliografia

Balogun, M. J. (2003). "Performance Management and Agency Governance for African Development: Search for Common Cause on Excellence in the Public Service", *DPMF Occasional Paper* 9 (Addis Ababa: Development Policy ManagementForum).

Balogun, M. J. (2003). "Gestão orientada para os resultados: Tendências Globais, Perspectivas Africanas e uma Visão a Longo Prazo". Comunicação apresentada no Dia da Função Pública de Angola, Luanda, Angola, 24th setembro.

Balogun, M. J. & Mutahaba, G. (1999). "Redinamização da função pública para o século 21st : Perspectivas para uma estrutura não burocrática". In K. M. Henderson e O. P. Dwivedi, eds., *Bureaucracy and the Alternatives in World Perspective*. UK: Palgrave Macmillan.

Balogun, M J. (2003). "Causative and Enabling Factors in Public Integrity: a Focus on Leadership, Institutions and Character Formation", *Public Integrity* 5 (2).

Downs, A. (1967). *Inside Bureaucracy*. Boston: Little, Brown and Company.

Graham, T. & Richard, H. (1999). "Programa de Reforma da Função Pública da Tanzânia". Disponível em

http: / / unpan Lun.org/intradoc/groups/public/documents/CAFRAD/UNPA N010583.pdf

Kaufmann, D. (2005). "Myths and realities of governance and corruption". In *Global Competitiveness Report 2005-2006,* Fórum Económico Mundial: 8198.

Kaufmann, D., Kraay, A. & Mastruzzi, M. (2005). "Governance matters IV: governance indicators for 1996-2004". *Documento de trabalho sobre investigação política do Banco Mundial* 3630.

King, G., Keohane, R. O. & Verba, S. (1994). *Designing social inquiry: Scientific inference in qualitative research*. Princeton: Princeton University Press.

Lufunyo, H. (2013). "Impacto das reformas do sector público na prestação de serviços na Tanzânia". *Jornal de Administração Pública e Pesquisa de Políticas* 5(2): 26-49.

Lukumai, C. (2006). "The Implementation of civil service reforms in Tanzania 1991-2000". Tese de Mestrado, Universidade da Noruega.

Mtafikolo, F. (1998). "Reforma da função pública na Tanzânia: Rationale, Developmental Challenges and Prospect". Em S. Rugumamu, ed., *Civil Service Reform in Tanzania: Proceedings of the National Symposium* (Dar es Salaam: University Consultancy Bureau).

Mtulya, A. (2015). "Tanzânia: O gabinete de Magufuli é o mais enxuto em 20 anos, sete ministros JK de volta". *The Citizen,* 11th dezembro. Acedido em 17 de junho de 2016. Disponível em http://allafrica.com/stories/201512140922.html

OCDE. (2005). *Modernização da Administração Pública*. Paris: OCDE

OCDE. (2013). "Visão geral dos progressos e desafios políticos na Tanzânia". In *OECD Investment Policy Reviews: Tanzânia 2013,* Publicações da OCDE.

Pelizzo, R. (2012). "Corruzione e sviluppo". Em Pelizzo, R., *Le Strategie della crescita.* Napoli: Guida.

Pelizzo, R. & Stapenhurst, F. (2013). "The dividends of good governance", *Poverty & Public Policy 5(4}* 370-384.

Pollitt, C. & Bouckaert, G. (2004). *Public Management Reform: A Comparative Analysis,* 2nd edition. Oxford: Oxford University Press.

Rhodes, R. A. W. (1996). "The new governance: governing without government", *Political studies 44(4}.* 652-667.

República Unida da Tanzânia. (2013). "Reforma do sector público da Tanzânia: An Assessment and Future Direction".

Comités de Contas Públicas na África Austral

Riccardo Pelizzo

Negligenciadas durante décadas, as Comissões de Contas Públicas (PACs) têm recebido uma atenção considerável ao longo da última década (McGee, 2002; Stapenhurst et. al, 2006; Pelizzo et al., 2006; Stapenhurst, Pelizzo & Jacobs, 2013). O objetivo do presente capítulo é apresentar os resultados de um inquérito realizado junto dos Presidentes e Secretários dos CAP da África Austral. Uma vez que a literatura sobre os PACs tem geralmente sublinhado que as características organizacionais (dimensão, representação da oposição, filiação partidária do Presidente), as características institucionais (institucionalização e gama de poderes) e as práticas contribuem grandemente para o sucesso destes comités, iremos fornecer uma descrição detalhada de todas estas características dos PACs na África Austral.

Adoção de PACs na África Austral

Os PACs que foram originalmente adoptados em Westminster e mais tarde nos outros países da Commonwealth, foram nos últimos anos adoptados mesmo fora da Commonwealth. A África Austral não constitui uma exceção a este respeito. De facto, os PAC podem ser encontrados tanto em países que tradicionalmente fazem parte da Commonwealth como em países que não têm qualquer ligação histórica ou institucional com a tradição de Westminster, como é o caso de Moçambique.

A adoção de PACs na África Austral ocorreu num período de 44 anos. A primeira PAC foi criada na Zâmbia em 1951, quatro PAC foram criadas na década de 1960 (Tanzânia, Lesoto, Malawi e Suazilândia), três foram criadas no início da década de 1990 (Namíbia, Botswana e África do Sul) e a mais recente foi criada em Moçambique em 1995.

Características de organização dos PACS da África Austral

As PAC da África Austral funcionam em legislaturas de média a grande dimensão. Na região, a dimensão da legislatura varia entre um mínimo de 61 membros no Botswana e um máximo de 400 membros na África do Sul, com uma média de 180,75 membros.

As PAC da África Austral são também maiores do que a média das PAC no resto do mundo. Stapenhurst, Pelizzo e Jacobs (2013) relataram que o tamanho médio de uma PAC no mundo - um valor estimado sem levar em consideração os dados da região da África Austral - é de 10,6 membros. As PAC da África Austral têm em média 17,1 membros.

Os dados de que dispomos mostram que existe alguma variação tanto no processo através do qual os membros são seleccionados como na duração da nomeação. Por exemplo, no Botswana, os membros do PAC são seleccionados pelo Comité de Seleção, na Zâmbia são seleccionados pelo Comité de Ordens Permanentes, na Suazilândia e na Tanzânia os membros do PAC são seleccionados e nomeados pelo Presidente da Câmara, enquanto que nos restantes casos (Lesoto, Malawi, Namíbia e África do Sul) os membros do PAC são seleccionados pelos partidos políticos.

No que se refere à duração do seu mandato, existem variações consideráveis. Os membros são nomeados por um ano na Zâmbia, por dois anos e meio na Tanzânia (onde costumavam ser nomeados para o mandato completo) e por um mandato completo no Botsuana, Lesoto, Malawi, Namíbia, África do Sul e Suazilândia.

Embora alguns dos inquiridos não tenham sido capazes de fornecer uma indicação de quantos membros da oposição fazem parte da PAC, as provas de que dispomos (Botswana, Namíbia, Suazilândia, Tanzânia e Zâmbia) sugerem que os partidos e forças da oposição estão mais bem representados aqui do que no resto do mundo. De facto, com exceção da Suazilândia, onde não existem partidos políticos, nas outras quatro PACs a oposição controla cerca de 45% dos assentos - um valor substancialmente superior ao que Stapenhurst, Pelizzo e Jacobs relataram no seu relatório global.

Finalmente, as PAC da África Austral têm mais probabilidades de serem presididas por um deputado da oposição do que as PAC que operam no resto do mundo. De facto, 85,7 por cento das PACs da África Austral (6 em 7) são presididas por um membro da oposição, enquanto no resto do mundo apenas 70 por cento das PACs são presididas por um membro da oposição.

Na maioria dos casos (Lesoto, Malawi, Suazilândia, Tanzânia e Zâmbia), o presidente do comité é escolhido pela própria PAC. Nos restantes casos, são adoptados vários procedimentos, métodos e processos para nomear o presidente da CCP. O Presidente é nomeado pelo Comité de Seleção no Botsuana, pelo Presidente da Câmara na África do Sul e pela Assembleia na Namíbia.

Por último, os dados apresentados no quadro 1 revelam que existe uma variação considerável na dimensão do pessoal à disposição de uma PAC da África Austral. A dimensão do pessoal de apoio varia entre um mínimo de 0 (zero) membros no Lesoto e um máximo de 10 membros na África do Sul, com uma média de 3,875 membros do pessoal - uma média sensivelmente superior à dimensão média do pessoal no resto do mundo (3,45).

Tabela 1. Características da organização

Country	Size of the legislature— number of MPs	Size of the PAC— number of MPs	Opposition Chairperson	% of Opposition MPs serving on the PAC	Size of the staff— number of staff members
Botswana	61	10	yes	40	8
Lesotho	120	25	yes	-	0
Malawi	193	23	no	-	4
Namibia	78	14	yes	50	3
South Africa	400	26	yes	-	10
Swaziland	66	12	*	*	1
Tanzania	370	18	yes	20	2
Zambia	158	9	yes	77.7	3

Legenda: indica que o inquirido não pôde dar uma resposta; "*" significa que, como não existem partes, o inquirido não pôde dar uma resposta adequada a esta pergunta.

Esta longa discussão sobre as características organizacionais ou estruturais das PACs desta região tem uma implicação simples. Se estas características organizacionais são realmente responsáveis pelo desempenho dos PAC, os PAC da África Austral estão devidamente equipados para superar os PAC que operam no resto do mundo.

O mandato dos PACs

O mandato ou o leque de poderes conferidos à PAC podem ser divididos em três domínios distintos: o direito de acesso, as contas e operações e a relação com o auditor-geral.

Direito de acesso

O direito de acesso diz respeito ao número e ao tipo de organizações ou funcionários cujas contas, contratos e práticas de gestão financeira podem ser examinados pela PAC. Os dados indicam que o poder de examinar as contas, os contratos e as práticas de gestão financeira das agências governamentais no âmbito da pasta do Ministério das Finanças e do Parlamento é incondicionalmente usufruído por todas as PAC da África Austral.

Sete das oito PAC da região gozam incondicionalmente do poder de examinar as contas das agências fora da pasta das finanças, apenas a PAC da Tanzânia não tem este poder. Seis das oito CCP da região gozam incondicionalmente do poder de examinar as contas das autoridades estatutárias, a Suazilândia goza deste poder com algumas restrições, enquanto a CCP do Botsuana não tem esse direito. Todas as CCP da região têm o direito de examinar as contas das empresas públicas e do parlamento, seis delas têm o direito de verificar as despesas dos deputados (Botsuana, Lesoto, Malawi, África do Sul, Suazilândia e Zâmbia), cinco podem supervisionar as despesas das administrações locais (Lesoto, Malawi, Namíbia, África do Sul, Zâmbia) e quatro têm o direito de verificar as contas dos prestadores de serviços públicos (Lesoto, África do Sul, Suazilândia, Zâmbia). No que se refere ao direito de examinar as contas das ONG, apenas a África do Sul declarou usufruir deste direito numa base incondicional, enquanto a Suazilândia o usufrui com algumas restrições.

Quadro 2. Direito de acesso. Direito de examinar as contas dos seguintes organismos

Country	Agencies in the finance portfolio	Agencies outside the finance portfolio	Statutory authorities	Gov't owned corporations	Local gov't	parliament	parliamentarians	Gov't service providers	NGOs
Botswana	Y	Y	N	Y	N	Y	Y	N	N
Lesotho	Y	Y	Y	Y	Y	Y	Y	Y	N
Malawi	Y	Y	Y	Y	Y	Y	Y	N	N
Namibia	Y	Y	Y	Y	Y	Y	-	N	N
South Africa	Y	Y	Y	Y	Y	Y	Y	Y	Y
Swaziland	Y	Y	Yr	Y	N	Y	Y	Y	Yr
Tanzania	Y	N	Y	Y	-	Y	-	N	N
Zambia	Y	Y	Y	Y	Y	Y	Y	Y	N
Tot	8	7	6.5	8	5	8	6	4	1.5

Legenda: Y significa sim, Yr significa sim com restrições, enquanto N significa não. Os totais na raw final são calculados atribuindo uma pontuação de 1 a um poder usufruído incondicionalmente, uma pontuação de 0,5 a um poder usufruído com restrições e uma pontuação de 0,0 a um poder não usufruído.

Embora as provas que acabámos de apresentar mostrem que alguns poderes ou alguns direitos são mais comuns do que outros, também podemos utilizá-las para mostrar que algumas PAC na África Austral têm mais direitos de acesso do que outras. A África do Sul goza de direitos de acesso numa base incondicional, o Lesoto e a Zâmbia gozam de todos esses direitos exceto um, o Malawi tem sete, a Suazilândia tem seis incondicionais e dois com restrições, a Namíbia seis, o Botswana cinco e a Tanzânia apenas quatro. Isto significa que, em termos de direito de acesso, a PAC da Tanzânia está significativamente abaixo da média regional.[1] E na medida em que o leque de competências cria as condições para o êxito da PAC, é evidente que o desempenho da PAC tanzaniana poderia ser muito melhorado se as suas competências neste domínio fossem alargadas.

Quadro 3. Contas e operações

Country	Examination of accounts and financial affairs	Consideration of budget estimates	Efficiency, economy and effectiveness of government policy	Efficiency and economy of policy implementation (value for money)	Effectiveness of policy implementation (delivery of outcomes)	Undertake self-initiated inquiries
Botswana	Y	N	N	Y	Y	Y
Lesotho	Y	N	Y	N	Y	Y
Malawi	Y	N	N	Y	Y	Y
Namibia	Y	N	Y	Y	Y	Y
South Africa	Y	Y	Y	Y	Y	Y
Swaziland	Y	N	N	Y	Y	Y
Tanzania	Y	N	Y	Y	Y	Yr
Zambia	Y	N	Y	Y	Y	N
Tot	8	1	5	7	8	6.5

Legenda: Y significa sim, Yr significa sim com restrições, enquanto N significa não. Os totais na raw final são calculados atribuindo uma pontuação de 1 a um poder usufruído incondicionalmente, uma pontuação de 0,5 a um poder usufruído com restrições e uma pontuação de 0,0 a um poder não usufruído.

Contabilidade e operações

No que se refere às contas e operações, os inquiridos indicaram que as CCP da região dispõem de uma gama bastante ampla de poderes. Por exemplo, todas as CCP da África Austral têm o poder incondicional de examinar as contas/assuntos financeiros e de avaliar a eficácia da execução das políticas. Sete das oito CCP da região têm poderes incondicionais para examinar a economia, a eficiência e a eficácia da execução das políticas. De facto, embora todos os países possam verificar a eficácia da execução das políticas, o Lesoto não tem poderes para

---

[1] Se atribuirmos uma pontuação de 1 a um direito usufruído incondicionalmente, 0,5 a um poder usufruído com restrições e 0 à ausência de tal poder, verificamos que as pontuações são 9 para a África do Sul, 8 para o Lesoto e a Zâmbia, 7 para o Malawi e a Suazilândia, 6 para a Namíbia e 5 para o Botsuana. Se calcularmos a média: (9+8+8+7+7+6+5)/6= 8,33. A média regional (sem a Tanzânia) dá um resultado que é mais do dobro do resultado da Tanzânia.

examinar a economia e a eficiência da execução das políticas. Seis PAC dispõem de poderes incondicionais para efetuar inquéritos por iniciativa própria, embora este poder esteja sujeito a algumas restrições na Tanzânia e não exista na Zâmbia.

Apenas cinco das oito PAC relativamente às quais foram recolhidas informações dispõem de poderes para analisar a economia, a eficiência e a eficácia da política governamental, enquanto as restantes três (Botsuana, Malavi e Suazilândia) não dispõem desses poderes.

Por último, as CCP da África do Sul são as únicas com um mandato para examinar as estimativas orçamentais e realizar, para além das actividades de supervisão ex post mais tradicionais, alguma supervisão ex ate.

Tal como os dados apresentados no quadro 3 revelam, existe uma grande variação na frequência de alguns poderes. O poder de examinar as contas é o mais comum e o poder de examinar as estimativas orçamentais é o menos comum. Mas os dados apresentados no quadro 3 também indicam que algumas PAC têm um mandato mais alargado do que outras. A PAC da África do Sul tem o mandato mais alargado e dispõe de todos os poderes anteriormente referidos; a Namíbia dispõe de cinco poderes incondicionais; a Tanzânia dispõe de quatro poderes incondicionais e de um quinto poder condicional; cinco países (Botsuana, Lesoto, Malawi, Suazilândia e Zâmbia) dispõem de quatro dos seis poderes. Globalmente, a região tem uma pontuação média de 4,43, que é minimamente superior à média mundial (4,3).

Relações com o Auditor Geral

No que diz respeito à relação com o Auditor Geral, todas as PAC da região têm o direito de examinar os relatórios de conformidade do Auditor Geral, de submeter assuntos ao Auditor Geral e de examinar o relatório de desempenho do AG. Isto significa que as PAC da África Austral têm mais poderes, neste domínio, do que as PAC que operam no resto do mundo. No entanto, as provas de que dispomos sugerem que as PAC da região estão apenas minimamente envolvidas nas operações do AG.

Quadro 4. Relação com a AG

countr y	Selec tion of AG	Rem oval of AG	AG budge t and resou rces	Au dit Off ice fees	Determi nation of priorities	Develop ment of AG annual plan	Assess AG perform ance	Confer or exemp t AG from legisla ted obligat ions	Approv e or remove indepe ndent auditor of the Audit Office
Botsw ana	N	N	N	N	N	N	Yr	N	N
Lesot ho	N	N	appro ves	N	N	N	N	N	N
Mala wi	N	N	N	N	N	N	Y	N	Y
Nami bia	N	N	N	N	N	N	N	N	N
South Africa	N	N	N	N	N	N	N	N	N
Swazi land	-	-	-	-	-	-	-	-	-
Tanza nia	N	N	Appr oves	N	N	N	N	N	Y
Zambi a	N	N	N	N	Informal ly consulte d	N	N	N	N

Nenhuma PAC da região participa na seleção ou na destituição do auditor-geral. Duas PAC (Lesoto e Tanzânia) aprovam o orçamento do Gabinete de Auditoria, uma (Seicheles), enquanto todas as outras PAC não participam de forma alguma na definição ou aprovação do orçamento do AG.

Os dados do Quadro 4 revelam igualmente que todas as PAC da região não têm competência para aprovar ou rever os honorários do Gabinete de Auditoria.

No que diz respeito à identificação ou ao estabelecimento das prioridades para o AG, a Zâmbia indicou ser consultada apenas informalmente, enquanto todos os outros PAC afirmaram não desempenhar qualquer papel a este respeito.

Nenhuma PAC da região participa na elaboração do plano anual do AG. O Malawi e a Tanzânia podem nomear um auditor independente para a AG, nenhuma PAC pode conferir ou isentar a AG de obrigações legais, enquanto o Malawi e o Botswana têm, respetivamente, o direito incondicional e condicional de avaliar o desempenho da AG.

As provas aqui apresentadas sustentam a afirmação de que os PAC da África Austral não estão quase totalmente envolvidos nas operações do AG. O Botsuana tem o poder de avaliar o desempenho do AG numa base condicional, o Lesoto e a Tanzânia aprovam o orçamento do AG e a Zâmbia é informalmente consultada para a determinação das prioridades.

Atividade

As PAC da África Austral são extremamente activas, independentemente da forma como se mede a atividade das PAC. Por exemplo, se medirmos o nível de atividade das PAC com base no número de dias em que as PAC realizaram reuniões, verificamos que, com a possível exceção do Botswana e do Malawi, as PAC da África Austral são mais activas do que a maioria das PAC do resto do mundo.

Quando se pediu aos inquiridos que indicassem o número médio de reuniões realizadas pela sua PAC, todos indicaram que as suas PAC se reuniam regular e frequentemente: 8 dias são dedicados a reuniões no Botsuana, entre 100 e 145 dias são dedicados a reuniões no Lesoto, 20 no Malawi, 80 na Namíbia, mais de 100 na África do Sul, 72 na Suazilândia, 80 na Tanzânia e 55 na Zâmbia. O número de dias dedicados a reuniões variou - de um mínimo de 8 no Botsuana a um máximo de 100-145 no Lesoto. Isto significa que, na região, entre 66 e 78 dias por ano são dedicados a reuniões da PAC. Este valor excede largamente a média registada no resto do mundo (Stapenhurst, Pelizzo e Jacobs, 2013).

As PAC desta região são também muito activas em termos do número de audições realizadas. O Malawi realiza *4 audições* por ano, o Lesoto realiza mais de 25 audições por ano, a Namíbia realiza entre 20 e 30 audições por ano, a Suazilândia realiza 40, a Zâmbia realiza entre 44 e 50, enquanto a Tanzânia realiza 160 audições por ano. Isto significa que as PAC da África Austral realizam, em média, cerca de 60 audições por ano, um valor que excede largamente a média mundial.

Na maioria dos casos, não há restrições quanto a quem pode ser convocado como testemunha. Seis das oito PACs para as quais foram recolhidos dados informaram não ter qualquer restrição. A Zâmbia e a Suazilândia informaram que os respectivos chefes de Estado (o Presidente nos três primeiros casos, o Rei/ Rainha na Suazilândia) não podem ser convocados como testemunhas.

O questionário do inquérito pedia aos inquiridos que indicassem se os ministros, os funcionários dos departamentos, os AG, as autoridades estatutárias, os conselhos de administração, os grupos de interesses, os académicos, as ONG e os prestadores de serviços públicos eram convocados como testemunhas para as audições das comissões. As respostas são apresentadas no quadro 5.

Quadro 5. Acesso às testemunhas

	minister	Dep't official	AG	Statutory authorities	Gov't boards	Interest groups	academics	NGOs	Gov't service providers	Tot
Botswana	y	Y	N	y	y	Y	Y	y	Y	8
Lesotho	yr	Y	N	y	y	Yr	N	yr	Yr	5
Malawi	yr	Y	Y	y	y	N	Y	y	Yr	7
Namibia	yr	Y	N	y	y	N	Y	y	Y	6.5
South Africa	y	Y	Y	y	y	Y	Y	y	Y	9
Swaziland	n	Y	Y	n	y	Y	Y	y	Y	7
Tanzania	yr	Y	Y	y	y	Y	Y	y	Y	8.5
Zambia	yr	Y	-	y	y	Yr	Yr	yr	Yr	5.5

Legenda: yes= sim, normalmente convocado (1); yr = sim, raramente convocado (0,5); n = não (0)

Existe uma grande variação na frequência com que determinadas entidades ou figuras institucionais são convocadas como testemunhas. Por exemplo, todos os inquiridos referiram que os funcionários públicos e os conselhos de administração são normalmente convocados nos seus países. Os representantes ou porta-vozes das autoridades estatutárias são normalmente convocados em sete dos oito países para os quais dispomos de dados, enquanto a AG é convocada como testemunha apenas em quatro dos sete casos para os quais foram recolhidas respostas.

Existe também uma grande variação no acesso às testemunhas. Se codificarmos como 1, 0,5 e 0 o facto de uma testemunha ser normalmente convocada, raramente, convocada ou nunca convocada e somarmos todas as pontuações que cada PAC obteve em cada uma das categorias, verificamos que a pontuação do acesso às testemunhas varia entre um mínimo de 5,5 na Zâmbia e um máximo de 9 na África do Sul, com uma pontuação média de 7,06. Isto significa que, embora algumas PAC da região (Botswana, África do Sul e Tanzânia) tenham um desempenho superior à média regional, o acesso a testemunhas das outras PAC está abaixo da média.

Em todos os países em que foram recolhidas provas, as CCP apresentam relatórios diretamente ao Parlamento. Em quase todos os países, o secretário tem a responsabilidade de redigir o relatório e, em quase todos os países, as CCP têm algumas formas de garantir a veracidade dos relatórios. Em quatro casos (Botswana, Namíbia, Sudão do Sul, Tanzânia e Zâmbia) a PAC deve verificar o projeto de relatório e aprová-lo, na África do Sul a PAC tem o poder de alterar o projeto de relatório, enquanto no Lesoto a PAC emprega uma variedade de práticas para garantir que o relatório é verdadeiro e fiável. Por exemplo, a CCP do Lesoto verifica se o projeto de relatório está em conformidade com os regulamentos existentes, verifica se o relatório é coerente com o relatório do AG, baseia-se nas observações escritas dos contabilistas e nas respostas gravadas.

Quando lhes foi pedido que indicassem a forma como as decisões da CCP são tomadas, ou seja, se devem ser unânimes ou se podem ser tomadas por maioria simples, os inquiridos mostraram-se confusos quanto ao facto de o "consenso" ou a "unanimidade" constituírem um requisito essencial ou simplesmente uma caraterística desejável do processo de tomada de decisões. É por isso que alguns inquiridos indicaram que o consenso é a regra, mas também que, quando não é alcançado, a PAC permite que os membros dissidentes expressem as suas opiniões e preocupações e produzam um relatório minoritário. Em cinco casos (Botsuana, Lesoto, Namíbia, Suazilândia e Tanzânia), as decisões são tomadas por unanimidade ou de forma consensual. Num caso (África do Sul), a CCP prefere tomar
As decisões são tomadas de forma consensual, mas quando não o conseguem fazer, permitem que os membros dissidentes elaborem um relatório minoritário. No Malawi, a decisão pode ser tomada por maioria simples, mas pode ser elaborado um relatório minoritário para exprimir os pontos de vista dos membros dissidentes, enquanto na Zâmbia as decisões são tomadas por maioria e a minoria não tem o direito de elaborar um relatório minoritário.

Os dados de que dispomos indicam que existe uma variação considerável no número de relatórios produzidos pelas PAC desta região. De facto, enquanto a maioria das PAC produz apenas um relatório anual, a Suazilândia produziu 3 relatórios em 2012, a Zâmbia produziu 5, a Namíbia produziu 30 e a África do Sul relatou produzir até 200 relatórios por ano.

Acompanhamento
Uma das sugestões políticas importantes formuladas na literatura (McGee, 2002; Stapenhurst et al., 2005) é que os mecanismos de acompanhamento são um fator determinante muito importante da eficácia da supervisão. Esta conclusão é particularmente verdadeira no que respeita às PAC, cuja capacidade para manter os governos responsáveis pelas suas despesas depende em grande medida da sua capacidade para acompanhar e verificar se o governo

responde às recomendações das PAC e se actua com base nessas recomendações (Stapenhurst, Pelizzo e Jacobs, 2013).

A fim de esclarecer os mecanismos de acompanhamento, o questionário do inquérito pedia aos inquiridos que indicassem se se espera formalmente que o executivo responda às recomendações da PAC, se a PAC tem o poder de estabelecer um prazo para o governo responder e quais são os instrumentos, mecanismos e práticas que a PAC pode utilizar para verificar se o governo cumpre as suas promessas.

No que se refere à necessidade de uma resposta formal, 7 dos 8 PAC incluídos na nossa análise indicaram que essa resposta é efetivamente necessária, enquanto a Suazilândia representa uma exceção a esta tendência regional.

Em todos os países em que o executivo é formalmente obrigado a responder às recomendações da PAC, esta estabelece um prazo para as respostas. Mesmo a este respeito, existe uma variação considerável quanto à rapidez com que se espera que o governo responda. O governo deve responder no prazo de 30 dias no Lesoto, no prazo de 60 dias na Zâmbia, no prazo de 90 dias no Malawi e no prazo de 180 dias na Tanzânia.

Conclusões

A análise comparativa revela que as PAC da África Oriental e Austral são maiores, têm mais pessoal e têm mais probabilidades de serem presididas por um deputado da oposição do que as PAC do resto do mundo. Em termos de poder, as PAC da África Oriental e Austral têm um direito de acesso e um poder contabilístico e operacional ligeiramente inferiores, mas têm maiores poderes no que respeita à relação com o AG. Além disso, superam largamente as PAC do resto do mundo em termos de reuniões realizadas, audiências efectuadas e relatórios produzidos.

Embora as perspectivas regionais globais sejam bastante positivas, há áreas em que os países individuais estão a ficar para trás em relação ao resto da região e ao resto do mundo.

Embora as PAC das Ilhas Britânicas tenham sido notavelmente bem sucedidas, apesar do facto de contarem com o apoio de um pessoal bastante reduzido, os dados empíricos têm demonstrado consistentemente que o apoio do pessoal desempenha um papel crucial para garantir o sucesso das PAC. Por conseguinte, seria bastante benéfico se as PAC que operam no Lesoto e na Suazilândia e, em menor grau, na Tanzânia, recebessem mais apoio em termos de pessoal.

No que se refere à atividade da PAC, o número de reuniões realizadas pela PAC do Botsuana e o número de audições realizadas pela PAC do Malawi são muito inferiores à média regional e mundial. Por conseguinte, estas são duas áreas em que estas duas PAC podem melhorar o seu desempenho para se aproximarem do resto de uma região onde o nível de atividade das PAC excede a média mundial. As evidências apresentadas neste capítulo sustentam a afirmação de que, embora as tendências regionais possam ser identificadas, há uma variação considerável na região e que as abordagens de capacitação de tamanho único podem ser contraproducentes. Algumas PACs precisam de mais pessoal, outras precisam de representar melhor a oposição, outras precisam de um mandato mais alargado e outras ainda precisam de ser mais activas. Estas necessidades são, na sua maioria, independentes umas das outras e são específicas de cada país.

Esta é uma lição que os políticos orientados para a reforma, os reformadores institucionais, os profissionais e as organizações internacionais devem ter em mente nos seus esforços para fazer com que as PACs da África Austral funcionem ainda melhor.

Bibliografia

Hamilton, A. &F. Stapenhurst. (2010). "New and Non-Commonwealth PACs" (manuscrito).

McGee, D. (2002). *The Overseers. Public Account Committees and Public Spending.* Londres: Pluto Press.

Pelizzo, R. (2011). "Public Accounts committees in the Commonwealth: oversight, effectiveness, and governance", *Commonwealth and comparative politics* 49(4): 528-546.

Pelizzo, R. & F. Stapenhurst. (2004a). "Legislatures and Oversight: a note", *Quaderni di Scienza Politica* 11(1): 174-188.

Pelizzo, R. & F. Stapenhurst. (2004b). "Tools for Legislative Oversight: An empirical investigation", *World Bank Policy Research Working Paper* n. 3388. Washington DC: Banco Mundial.

Stapenhurst, F., Pelizzo, R. & Kerry, J. (2013). *Seguindo o dinheiro.* London: Pluto Press.

Stapenhurst, F., Sahgal, V., Wooley, W. & Pelizzo, R. (2005). "Scrutinizing Public Expenditures", *Policy Research Working Paper* 3613. Washington: Banco Mundial.

Yamamoto, H. (2007). *Instrumentos de controlo parlamentar. Um estudo comparativo de 88 parlamentos nacionais.* Genebra: IPU.

O papel dos comités de contas públicas no reforço da supervisão e da responsabilização das empresas públicas na África do Sul

Rudzani Makhado

Em conformidade com os objectivos da Organização das Comissões de Contas Públicas da Comunidade de Desenvolvimento da África Austral (SADCOPAC), tal como descritos na sua Constituição, os membros da SADCOPAC são obrigados a "partilhar as melhores práticas e a inovação e, sempre que apropriado e possível, harmonizar e normalizar o trabalho das Comissões de Contas Públicas (PACs) na região da SADC, e trabalhar com os governos e outros intervenientes relevantes para satisfazer as expectativas do povo de uma governação sólida e responsável" (Constituição da SADCOPAC, 2005). Por conseguinte, o presente documento visa partilhar informações, conhecimentos e melhores práticas em matéria de supervisão, responsabilidade e transparência, centrando-se principalmente nas empresas públicas (EP). O documento descreve o papel dos Comités de Contas Públicas (CCP) no reforço da supervisão das empresas públicas na África do Sul. A ideia é garantir que as empresas públicas sejam transparentes e responsáveis quando gastam os fundos públicos que lhes são transferidos pelos accionistas.

De acordo com as secções 55(2) e 114(2) da Constituição da República da África do Sul (1996), a Assembleia Nacional e as Assembleias Legislativas Provinciais, respetivamente, têm poderes para supervisionar e responsabilizar o executivo pela utilização dos recursos públicos. Consequentemente, a Assembleia Nacional e as Assembleias Legislativas Provinciais da África do Sul criaram Comissões Permanentes e Comissões de Portfólio, de acordo com os seus Regulamentos e Ordens Permanentes, a fim de executar o seu mandato constitucional. De facto, tal como também defendido por Ngozwana (2009), a maioria das CCP na região da SADC é criada em conformidade com o Regimento e as Ordens do Parlamento. Mas, em certos países, como a Austrália, a maioria das PAC é instituída através de um ato do Parlamento (KPMG, 2006).

Por conseguinte, as Comissões de Contas Públicas (CCP), também conhecidas como Comissão Permanente de Contas Públicas (CPPC) a nível provincial e nacional, e as Comissões de Contas Públicas Municipais (CCMP) a nível local, são criadas para supervisionar e responsabilizar o executivo pelas suas acções quando gasta fundos públicos. Isto implica que as CCP têm um papel fundamental a desempenhar na supervisão do desempenho financeiro e não financeiro dos departamentos governamentais e das entidades estatais. A intenção da PAC, no exercício da sua função, é garantir uma utilização eficaz, eficiente e económica dos fundos públicos; promover a transparência e a responsabilidade na utilização dos recursos públicos; garantir que os fundos públicos são gastos em benefício do público; e garantir a prestação de serviços de qualidade ao público.

Este documento reflecte as opiniões e experiências recolhidas durante as conferências da APAC e da SADCOPAC de 2012 a 2015. Por conseguinte, apresenta uma perspetiva aprofundada do papel das CCP no reforço da supervisão, da responsabilidade e da transparência das empresas públicas na África do Sul. Foram identificados os desafios encontrados pelas CCP na supervisão do desempenho das empresas públicas e foram propostas recomendações para os enfrentar.

Conceptualização da supervisão, transparência e responsabilidade

A supervisão desempenha um papel essencial no reforço da transparência e da responsabilização das empresas públicas. A transparência e a responsabilização são, por conseguinte, fundamentais para melhorar a governação empresarial no âmbito das empresas públicas. Embora implique desafios complexos, constitui um ponto de partida eficaz para a prossecução das reformas da governação das empresas públicas (OCDE, 2008).

Supervisão

A literatura de ciência política tem geralmente concordado com o facto de os parlamentos ou legislaturas desempenharem pelo menos três tarefas básicas (Pasquino e Pelizzo, 2006):

- *Participação pública", desempenham* uma função representativa, uma vez que dão voz aos cidadãos e representam os seus pontos de vista;

- *Legislar - desempenham* uma função legislativa, não só porque têm o poder de apresentar propostas legislativas, mas também, e mais importante, porque nenhuma proposta legislativa, nenhum projeto de lei (independentemente de ter sido apresentado pelo parlamento ou pelo governo), pode ser promulgado e tornar-se uma lei sem o consentimento do parlamento; e

- *Oversight", desempenham* uma função de supervisão, uma vez que estão mandatados para monitorizar a implementação de políticas e manter o governo responsável.

O conceito de controlo tem sido amplamente debatido na literatura (por exemplo, Pelizzo & Stapenhurst, 2012). Os académicos têm demonstrado que os parlamentos podem supervisionar uma variedade de áreas políticas (Pelizzo & Stapenhurst, 2013), através da utilização de uma vasta gama de ferramentas de supervisão (Pelizzo e Stapenhurst, 2004; Yamamoto, 2007). De acordo com Makhado *et al.* (2012), os instrumentos de supervisão incluem, entre outros: relatórios trimestrais e anuais (incluindo o relatório do Auditor-Geral), relatórios de investigação, plano estratégico, plano de desempenho anual e orçamento, e visitas aos locais (meios práticos para supervisionar o desempenho). Estes instrumentos são utilizados para avaliar, controlar e avaliar eficazmente o desempenho dos executivos no que respeita à execução das políticas e programas governamentais (Pelizzo & Stapenhurst, 2013; 2014). Uma supervisão eficaz tem um impacto benéfico na qualidade da democracia e na capacidade de um sistema político para travar a corrupção (Pelizzo & Stapenhurst, 2013). Mais recentemente, a literatura tem demonstrado que existem várias outras formas em que a supervisão legislativa pode ser benéfica para o bom funcionamento dos sistemas políticos, uma vez que tem demonstrado aumentar a legitimidade das instituições políticas (Kinyondo *et al.*, 2015).

No contexto sul-africano, a supervisão é uma função constitucionalmente atribuída aos órgãos legislativos do Estado para examinar e supervisionar a ação do executivo e de qualquer órgão do Estado. A supervisão implica o controlo informal e formal, estratégico e estruturado exercido pelos órgãos legislativos relativamente à implementação das leis, à aplicação do orçamento e à estrita observância dos estatutos e da Constituição. Além disso, e talvez mais importante, implica a supervisão da gestão eficaz dos recursos públicos, com vista a melhorar a prestação de serviços e a qualidade de vida de todos os cidadãos (Oversight Model of the South African Legislative Sector, 2011). Para que a Assembleia Nacional e as Assembleias Legislativas assegurem uma transparência adequada entre os departamentos e as entidades públicas sobre a forma como os fundos públicos são gastos, a supervisão e a responsabilização devem ser reforçadas a todo o momento.

Transparência e responsabilidade

Embora a literatura tenha indicado que a supervisão é fundamental para garantir a transparência, a responsabilidade, a boa governação, a qualidade democrática e a legitimidade, também mostrou que existe uma variação considerável na eficácia com que os parlamentos e as legislaturas desempenham a sua função de supervisão. Esta variação pode ser detectada independentemente do domínio de intervenção sujeito a controlo. Há variações na eficácia com que, por exemplo, as legislaturas supervisionam o sector militar e há também variações consideráveis na eficácia com que as legislaturas supervisionam as despesas dos dinheiros públicos e a execução do orçamento (Pelizzo, 2010; 2011).

No que diz respeito à supervisão orçamental, a literatura tem geralmente concordado com o facto de que as legislaturas que seguem o modelo de Westminster são um pouco mais eficazes do que as legislaturas dos países francófonos em manter os governos responsáveis pela despesa dos dinheiros públicos. No entanto, a literatura também demonstrou que existe uma variação considerável entre as legislaturas da Commonwealth em termos de eficácia da supervisão. A variação na capacidade das legislaturas de Westminster para supervisionar a execução do orçamento e a despesa dos dinheiros públicos foi explicada (Pelizzo, 2010; Pelizzo, 2011) por vários motivos, tais como:

- a forma como os comités de contas públicas são institucionalizados,
- os poderes colocados à sua disposição,
- a composição partidária desses comités,
- a dimensão desses comités, e
- a filiação partidária dos presidentes das comissões.

Embora a literatura sobre as comissões de contas públicas tenha explorado amplamente a importância das características estruturais, institucionais e partidárias para garantir/prevenir o bom desempenho das comissões de contas públicas, foi dada muito menos atenção à importância de reforçar os mecanismos de supervisão, a fim de promover a transparência e a responsabilização das empresas públicas. Os objectivos, os desempenhos e as práticas das empresas públicas devem ser claramente compreendidos pelos órgãos e comissões de supervisão, a fim de se proceder a uma supervisão eficaz (OCDE, 2008). As empresas públicas devem ser transparentes e responsáveis, a fim de garantir que os fundos públicos são utilizados em benefício do público e em conformidade com o plano estratégico, o orçamento e o plano de desempenho anual aprovados.

Empresas públicas na África do Sul

As empresas públicas (EP) ou entidades públicas contribuem significativamente para o crescimento económico e o desenvolvimento de qualquer país. Como tal, espera-se que desempenhem um papel de liderança no fornecimento de infra-estruturas modernas, o que poderá resultar na prestação de apoio fundamental para a criação de emprego, o desenvolvimento de infra-estruturas e o crescimento económico (The Presidency, 2012). As empresas públicas são, assim, o principal contribuinte para o emprego e o Produto Interno Bruto (PIB) do país. Por exemplo, o Departamento das Empresas Públicas (DPE) realizou uma análise do desempenho financeiro das empresas públicas durante um período de cinco anos, de 2001 a 2005, e concluiu que as empresas públicas contribuíram positivamente para o crescimento económico da África do Sul. A economia sul-africana registou um crescimento acelerado que atingiu 4,9% em 2005. A Eskom, uma das empresas públicas, conseguiu registar uma melhoria contínua, electrificando mais 222 314 agregados familiares durante o exercício financeiro de 2004/05. Estima-se que o programa de eletrificação tenha melhorado o nível de vida de mais de 14 milhões de sul-africanos desde 1994 (DPE, 2001-2005).

A Assembleia Nacional e as Assembleias Legislativas, através do trabalho das PAC, exercem o seu papel de supervisão, fiscalizando o desempenho financeiro das empresas públicas através da análise dos seus relatórios e da realização de visitas ao local, a fim de verificar se os projectos indicados no relatório existem ou não, e se esses projectos beneficiaram ou não o público. Por conseguinte, as CCP concentram-se principalmente em questões financeiras, apresentadas no relatório de auditoria do Auditor-Geral, que se encontra no relatório anual. No entanto, os Comités das Pastas supervisionam o desempenho não financeiro, o que significa que se concentram mais em questões de política e de prestação de serviços. Independentemente da separação de funções entre as PAC e os Comités de Pastas, estes Comités devem trabalhar em conjunto e partilhar informações, a fim de reforçar a supervisão e a responsabilização efectivas e garantir a prestação de serviços de qualidade ao público.

Por outro lado, a autoridade executiva, enquanto acionista das empresas públicas, preocupa-se com a rentabilidade adequada dos investimentos e em assegurar a viabilidade financeira das empresas públicas. A autoridade executiva relevante actua como acionista, enquanto o Ministro e o MEC das Finanças são responsáveis pela supervisão financeira das empresas públicas. Além disso, o governo, enquanto decisor político, ocupa-se da execução das políticas e da prestação de serviços e actua como regulador (Tesouro Nacional, 2006). A autoridade executiva (ministros e MEC), na qualidade de accionistas das empresas públicas, tem também autoridade para exercer a supervisão das empresas públicas. A autoridade executiva tem igualmente o poder de nomear e demitir o conselho de administração das empresas públicas. Asseguram igualmente que é nomeada uma combinação adequada de directores executivos e não executivos e que os directores possuem as competências, os conhecimentos e a experiência necessários para orientar a empresa pública para o seu melhor desempenho.

Papel das PAC no controlo das empresas públicas

As Comissões de Contas Públicas (PACs) ou mais conhecidas como SCOPA são estabelecidas e institucionalizadas para assumir a sua autoridade de controlo financeiro sobre os departamentos nacionais, provinciais e empresas públicas. Na administração local, a responsabilidade acima referida é executada pelos Comités de Contas Públicas Municipais

(MPACs). De um modo geral, na África do Sul, o mandato das CCP a todos os níveis da administração pública pode ser expresso de forma restrita, concentrando-se na probidade e regularidade financeiras, ou pode ser expresso de forma mais ampla em relação ao desempenho ou ao valor das auditorias financeiras (Ngozwana, 2009). Consequentemente, as PAC cumprem a responsabilidade de supervisionar o desempenho financeiro das empresas públicas utilizando o relatório de auditoria financeira, que na maioria dos casos é elaborado pelo Auditor-Geral.

Por conseguinte, as PAC desempenham um papel importante e especializado de "cão de guarda" e de proteção dos dinheiros públicos.

Não obstante o facto de o artigo 55º da Constituição da República da África do Sul permitir que a Assembleia Nacional mantenha a supervisão sobre todos os órgãos do Estado e de o artigo 92º permitir que o Parlamento responsabilize operacionalmente o Gabinete, os órgãos do Estado a nível nacional e os ministros e respectivos departamentos são geralmente responsabilizados pelo Parlamento. A nível nacional, os departamentos nacionais, as entidades públicas nacionais e os organismos nacionais, como as comissões, são diretamente responsáveis perante o Parlamento. A Assembleia Nacional tem, no entanto, o direito de pedir contas aos órgãos do Estado a nível provincial e local, mas não o faz de forma operacional, a menos que existam questões de importância pública, interesse nacional e competências partilhadas. A prestação de contas por parte dos órgãos do Estado a nível provincial e local deve ser conduzida através da observância da Lei de Relações Intergovernamentais e dos princípios do governo cooperativo (Modelo de Supervisão do Sector Legislativo Sul-Africano, 2011). Por conseguinte, o governo e as entidades públicas a todos os níveis devem ser responsabilizados por um planeamento e orçamentação eficientes e eficazes, pela execução de programas e pela supervisão e ação correctiva (Luyt, 2008), como se refere a seguir:

Planeamento e orçamentação
A importância da elaboração de planos estratégicos exactos e realistas não pode ser sobrestimada. Na ausência de planos coerentes, as empresas públicas não podem quantificar corretamente as necessidades daqueles que requerem os seus serviços ou estimar corretamente os custos, nem podem acompanhar, controlar ou comunicar com precisão as despesas (Luyt, 2008). Por conseguinte, não podem controlar corretamente a prestação dos serviços.

Implementação
Um planeamento e uma orçamentação deficientes terão claramente um efeito de arrastamento na execução, mas mesmo os planos coerentes podem ser mal executados (Luyt, 2008). Por conseguinte, é fundamental que as empresas públicas sejam responsáveis pela execução,

incluindo a gestão financeira dos seus planos.

Supervisão e medidas correctivas

A prestação de contas é o direito de obter justificações e explicações dos funcionários públicos ou dos prestadores de serviços privados responsáveis pela utilização dos recursos públicos. Isto impõe aos funcionários a obrigação de prestar contas da utilização dos recursos públicos. Também impõe aos órgãos de supervisão a obrigação de exigir explicações e justificações adequadas aos funcionários públicos e, quando estas não são fornecidas ou são insatisfatórias, de instigar e recomendar uma ação correctiva (Luyt, 2008).

Os órgãos de controlo estão perfeitamente posicionados, devido à sua autoridade constitucional, para exigir responsabilidade social. São responsáveis por garantir que os direitos socioeconómicos das pessoas são satisfeitos dentro dos recursos disponíveis, responsabilizando os responsáveis pela prestação de serviços. No entanto, a responsabilização também exige que a supervisão conduza a uma ação correctiva adequada quando necessário, o que requer vontade política para tomar medidas contra funcionários corruptos e/ou com fraco desempenho (Luyt, 2008).

Desafios enfrentados pelos PACS na supervisão das empresas públicas

De acordo com Adele (2012), a intervenção política na gestão operacional das empresas públicas é evidente; no entanto, o governo parece não ter cumprido o seu papel de supervisão para garantir a boa governação das empresas públicas de acordo com as melhores práticas. Por outro lado, as empresas públicas parecem cumprir as exigências externas em matéria de governação, mas parece faltar o cumprimento da governação interna e auto-regulada (Adele, 2012). As instituições às quais foram confiadas funções de controlo também se deparam com obstáculos na realização do trabalho de controlo. Por exemplo, as PAC em várias jurisdições na África do Sul enfrentam vários desafios que impedem uma supervisão eficaz das empresas públicas. Esses desafios incluem, entre outros, os seguintes

Falta de aplicação das resoluções

A falta de aplicação das resoluções das empresas públicas constitui um desafio para a eficácia da supervisão, da transparência e da responsabilização. A maior parte das resoluções tomadas pelos PACS não são aplicadas e, na maioria dos casos, não são tomadas medidas para resolver as questões levantadas pelos PACs. Nestes casos, o poder das PAC decorre da sua capacidade de levantar questões, de fazer com que os funcionários respondam pelas suas acções e de colocar as preocupações no domínio público, mais do que de impor e aplicar sanções diretamente. A falta de aplicação das resoluções é também exacerbada pela sobreposição dos mandatos de supervisão exercidos pelos accionistas e pelas PAC.

Relatórios de auditoria variáveis

O nível de controlo que as PAC podem exercer depende da qualidade dos relatórios de auditoria. Na África do Sul, algumas das empresas públicas continuam a ser objeto de auditoria por empresas privadas, enquanto outras são auditadas pelo Auditor-Geral. O desafio reside no facto de a estrutura de informação entre o Auditor-Geral e as empresas de auditoria privadas ser diferente, o que dificulta a realização de uma supervisão eficaz e a responsabilização do Executivo. Além disso, as empresas de auditoria privadas nem sempre destacaram todas as questões que afectam o desempenho das empresas públicas, o que compromete a eficácia da supervisão e da responsabilização.

Falta de controlo efetivo e de transparência

As funções e responsabilidades das empresas públicas na África do Sul estão a aumentar, o que torna mais difícil, tanto para os accionistas como para os comités de acompanhamento, supervisionar eficazmente o desempenho das empresas públicas. Atualmente, não existe um acompanhamento contínuo das empresas públicas e, na maioria dos casos, a apresentação dos relatórios anuais das empresas públicas ao Parlamento é atrasada deliberadamente ou não. Estes atrasos têm um impacto negativo no controlo efetivo dos relatórios, o que leva a que estes sejam aceites por razões de conformidade. Além disso, algumas das empresas públicas carecem de transparência devido ao facto de alguns representantes do público terem assento nos conselhos de administração destas instituições. Uma vez que os representantes do público são membros do conselho de administração das empresas públicas, tornam-se subjectivos e algumas das informações passam a ser de acesso restrito ao público.

Restrições de capacidade

A eficácia e a eficiência das PAC na supervisão do desempenho das empresas públicas são determinadas pelo apoio técnico que recebem do pessoal de apoio das comissões. A maioria das CCP a nível provincial é servida por dois funcionários de apoio, o que não é suficiente, tendo em conta o elevado volume de trabalho que tem de ser processado. Mas a situação é pior a nível local porque a maioria dos MPACs não tem pessoal de apoio. Há também falta de competências que possam abranger todos os aspectos necessários para efetuar uma supervisão eficaz. Além disso, há falta de continuidade dos membros das CCP, uma vez que os membros são reafectados principalmente por razões políticas, e a maioria dos membros em funções nas CCP não são mantidos após as eleições.

Restrições orçamentais

A maioria das PAC funciona com um orçamento limitado, o que implica que, mesmo que haja formação para os deputados e o pessoal de apoio, nem todos os deputados ou o pessoal de apoio terão oportunidade de participar nessa formação. A falta de um orçamento adequado implica que poucos deputados e pessoal de apoio serão nomeados para participar na formação. As restrições orçamentais determinam ainda o número de visitas de controlo e de audições públicas que podem ser realizadas, o que prejudica a eficácia das CCP no controlo do desempenho das empresas públicas.

Conclusões e recomendações

As PACs nas suas várias jurisdições na África do Sul precisam de encontrar respostas inovadoras para os diferentes desafios que enfrentam, a fim de manter o seu estatuto e utilidade na salvaguarda dos fundos públicos. Isto implica que todas as CCP e Comités de Portfólio devem trabalhar em conjunto para enfrentar os desafios com que se deparam na execução do seu mandato constitucional. É igualmente necessário que estes comités sejam capacitados, partilhem informações e boas práticas que possam melhorar a supervisão e a responsabilização nas suas jurisdições. Devido aos vários desafios que impedem o funcionamento efetivo das CCP na supervisão das empresas públicas, são propostas as seguintes recomendações:

1. ***Reforçar a aplicação das resoluções:*** os executivos, na sua qualidade de accionistas das empresas públicas, devem contribuir para que as resoluções dos CCP sejam plenamente aplicadas. Os PAC devem igualmente desenvolver mecanismos para acompanhar a aplicação das resoluções. É igualmente necessário reforçar a vontade política de aplicar as resoluções. É necessária uma coordenação e colaboração eficazes de todos os organismos de controlo, a fim de evitar a sobreposição de responsabilidades. Além disso, é necessário adotar legislação que confira aos PAC poderes para tomar medidas contra aqueles que não cumprem as regras e os regulamentos que regem uma gestão financeira adequada.
2. ***Auditoria das empresas públicas:*** o Auditor Geral deve ser responsável pela auditoria de todas as empresas públicas. Nos casos em que as empresas privadas de auditoria são nomeadas para efetuar auditorias às empresas públicas, o Auditor Geral deve controlar ou supervisionar todo o processo antes de o relatório ser apresentado ao Parlamento ou à Assembleia Legislativa. É igualmente necessário reestruturar e transformar as entidades públicas, e as entidades com funções e responsabilidades semelhantes devem ser integradas de modo a evitar a sobreposição de responsabilidades e o desperdício de fundos públicos.

3. ***Controlo efetivo e transparência das empresas públicas:*** é necessário que as PAC desenvolvam mecanismos para controlar eficazmente o desempenho das empresas públicas. É fundamental que os relatórios das empresas públicas sejam apresentados ao Parlamento e às Assembleias Legislativas dentro dos prazos previstos e que todas as empresas públicas respeitem os princípios da transparência. Os relatórios elaborados devem estar disponíveis para análise pública. É igualmente fundamental que os membros dos conselhos de administração das empresas públicas sejam nomeados com base no mérito e não no partidarismo. Propõe-se ainda que os representantes públicos não tenham assento nos conselhos de administração das empresas públicas, a fim de evitar conflitos de interesses. O conselho de administração das empresas públicas deve prestar contas diretamente às CCP na presença dos accionistas, a fim de reforçar a responsabilização. É igualmente vital que os presidentes dos comités das pastas tenham assento durante as reuniões e audições públicas dos CCP, de modo a poderem prestar assistência durante a deliberação das questões, bem como no acompanhamento contínuo da aplicação das resoluções.

4. ***Reforço das capacidades:*** o Tesouro Nacional, o Auditor Geral, a Associação das Comissões de Contas Públicas (APAC) e outras partes interessadas devem capacitar continuamente os membros das CCP e o pessoal de apoio em matéria de supervisão efectiva, responsabilidade e transparência. As PAC devem igualmente cooperar com outras instituições de controlo, a fim de reforçar as suas capacidades. Os novos membros e o pessoal de apoio nomeados para servir nas PAC devem ser suficientemente capacitados para poderem exercer efetivamente as suas responsabilidades.

5. ***Restrições orçamentais:*** As CCP devem ser dotadas de fundos suficientes para que o comité possa desempenhar eficazmente as suas funções.

Bibliografia

Adele, T. (2012). "Governance at South African state-owned enterprises: what do annual reports and the print media tell us?" *Social Responsibility Journal* 8: 448-470.

Constituição da República da África do Sul. (1996). *Constituição da República da África do Sul.* Cidade do Cabo: Government Printers.

Constituição da Organização dos Comités de Contas Públicas da Comunidade de Desenvolvimento da África Austral. (2005). Adotado na AGM de 2005 em Zanzibar, Tanzânia.

Departamento de Empresas Públicas. 2001-2005. *An analysis of financial performance of State*

Owned Enterprises (Análise do desempenho financeiro das empresas públicas). Departamento de Empresas Públicas, Pretória. Acedido em 28 de novembro de 2015. Disponível em http://www.info.gov.za/view/DownloadFileAction?id=95671

Kinyondo, A.A., Pelizzo, R. & Umar, A. (2015). "Uma teoria funcionalista da supervisão". *Política e Política Africana* 1(5): 1-25.

KPMG. (2006). *O Comité Parlamentar de Contas Públicas: uma perspetiva australiana e neozelandesa.* KPMG, África do Sul.

Luyt, D. (2008). "Governance, accountability and poverty alleviation in South Africa". *Public Service Accountability Monitor* (PSAM), Fórum Social das Nações Unidas, Genebra, Suíça. Acedido em 5 de junho de 2015. Disponível em http://www2.ohchr.org/english/issues/poverty/docs/sforum/spresentations /d.luvt.pdf

Makhado, R.A., Masehela, K.L. & Mokhari, R.W. (2012). "Effectiveness and Efficiency of Public Accounts Committees (PACs) in Enhancing Oversight and Accountability in the Public Sector". Documento apresentado no *Seminário de Desenvolvimento SALSA,* 02-05 de outubro de 2012, East London, Eastern Cape, África do Sul.

Tesouro Nacional. (2006). *Função de supervisão da governação das empresas públicas.* Tesouro Nacional, Pretória, África do Sul.

Ngozwana, N. (2009). "Guia de boas práticas para o Comité de Contas Públicas na SADC". Organização das Comissões de Contas Públicas da Comunidade de Desenvolvimento da África Austral (SADCOPAC). Acedido em 28 de novembro de 2015. Disponível em www.sadcopac.org

OCDE. (2008). "Network on Corporate Governance of State Owned enterprises in Asia". The Oberoi Hotel New Delhi, Índia, 25-26 de junho de 2008.

Modelo de supervisão do sector legislativo sul-africano. (2011). Speakers Forum South Africa e Associação dos Secretários das legislaturas da África do Sul. República da África do Sul.

Pasquino, G. & Pelizzo, R. (2006). *Parlamenti democratici.* Bolonha: Il Mulino.

Pelizzo, R. & Stapenhurst, F. (2012). *Instrumentos de controlo parlamentar: A comparative analysis.* London: Routledge.

Pelizzo, R. & Stapenhurst, F. (2013). *Government Accountability and Legislative Oversight.* London: Routledge.

Pelizzo, R. & Stapenhurst, R. (2004). "Tools for Legislative Oversight: An Empirical Investigation", *World Bank Policy Research Working Paper* 3388, Washington D.C., Estados Unidos.

Pelizzo, R. & Stapenhurst, R. (2014). "Oversight Effectiveness and Political Will: Some Lessons from West Africa", *The Journal of Legislative Studies* 20(2): 255-261.

Pelizzo, R., (2010). "Public accounts committees in the pacific region", *Politics & Policy* 38(1): 117-137.

Pelizzo, R. (2011). "Public Accounts committees in the Commonwealth: oversight, effectiveness, and governance", *Commonwealth & Comparative Politics* 49(4): 528-546.

A Presidência. (2012). *Restructuring of State Owned Enterprise in South Africa (Reestruturação das empresas públicas na África do Sul)*. Revisto por Thabo Mokwena, maio de 2012. Presidência, República da África do Sul.

Yamamoto, H. (2007). *Instrumentos de controlo parlamentar: Um estudo comparativo de 88 parlamentos nacionais*. Suíça: União Interparlamentar.

Governação, ambiente empresarial e investimentos directos estrangeiros

Riccardo Pelizzo e Omer F. Baris

Vários estudos publicados nos últimos vinte anos mostraram que a governação é importante, que a corrupção tem custos socioeconómicos importantes e que a boa governação produz alguns dividendos importantes para o desenvolvimento (Pelizzo & Stapenhurst 2013).

Dada a importância da governação, foram envidados vários esforços para a concetualizar e operacionalizar. O *World Governance Indicators* (WGI) representa um dos esforços metodologicamente mais sofisticados para acompanhar a qualidade da governação no mundo e os dados gerados pelo WGI têm sido amplamente utilizados para compreender as causas, as consequências e as correlações da boa governação. A literatura produzida com base nestes dados documentou a relação entre a governação e vários indicadores de desenvolvimento. A governação foi altamente correlacionada e possivelmente responsável pelo rendimento per capita, pela mortalidade infantil e pela alfabetização de adultos, de acordo com (Kaufmann et al. 1999), pelo rendimento Kaufmann et al. (2005), pela desigualdade Pelizzo (2012) e pela modernização da força de trabalho Pelizzo e Stapenhurst (2013).

A governação é importante porque, onde a governação é deficiente, existem, como salientam (Gray & Kaufman 1998), custos de transação mais elevados, má afetação de recursos, menor capacidade para aumentar os impostos, impostos mais elevados, menores investimentos na educação e um fornecimento de bens públicos abaixo do ideal. O pior de tudo é que a ausência de boa governação "impede o investimento estrangeiro e nacional a longo prazo" (Gray & Kaufman 1998, 1). Por outras palavras, ao reduzir o nível dos investimentos e ao afetar mal os recursos, uma governação de baixa qualidade abranda o crescimento, impede que o crescimento seja sustentável e impede que os países se tornem devidamente desenvolvidos.

A literatura sobre Investimentos Directos Estrangeiros (IDE) no continente africano tem, no entanto, falado frequentemente de uma espécie de "excepcionalismo africano", ou seja, os padrões, níveis e fluxos de IDE no continente africano não parecem responder aos mesmos factores que afectam o IDE a nível mundial. Com base nesta literatura, nesta nota pretendemos testar se, e em que medida, o nível de IDE na África Subsariana é afetado pela qualidade da governação e pela qualidade do ambiente empresarial, tal como no resto do mundo, ou se, mesmo a este respeito, podemos detetar algum grau de excepcionalismo africano.

Governação

Num artigo muito célebre publicado na revista *Political Studies,* Rhodes (1996) argumenta que, embora muito popular, o termo 'governação' não era muito preciso, sendo utilizado para designar ou como sinónimo de "Estado mínimo, governação empresarial, nova gestão pública, 'boa governação', sistemas sociocibernáticos e redes auto-organizadas". Rhodes (1996) argumenta ainda que a governação como boa governação se refere à utilização do poder para gerir os assuntos de um país, que a boa governação pode manifestar-se a vários níveis (sistémico, político, administrativo) e que foi considerada pelo Banco Mundial e outras instituições internacionais como um dos mais importantes, se não o mais importante, determinante do desenvolvimento socioeconómico[2] .

Embora os académicos e os profissionais tenham geralmente apoiado a afirmação de que a governação é importante, que a boa governação é um fator determinante do crescimento, e embora tenha sido amplamente documentado que as organizações internacionais consideram a promoção dos princípios da boa governação como uma componente essencial de qualquer estratégia de desenvolvimento bem sucedida, tem havido pouco acordo quanto à forma exacta como a governação e a boa governação devem ser conceptualizadas.

A noção de boa governação tem sido utilizada em associação com três significados diferentes, embora possivelmente relacionados. Em primeiro lugar, em alguns textos, mesmo naqueles que reconhecem o carácter multidimensional da boa governação, a boa governação foi muitas vezes reduzida à ausência de corrupção - razão pela qual, nesta linha de estudos, os dividendos da boa governação ou os custos da corrupção (Gray & Kaufman 1998, Pelizzo & Stapenhurst 2013) foram por vezes tratados como duas faces da mesma moeda. Em segundo lugar, alguns escritos tratam a boa governação como o conjunto de práticas e procedimentos que tornam o governo representativo, responsável, reativo e decisivo (Kaufmann 2005). E uma vez que o regime democrático ou a democracia é precisamente o sistema político em que os governantes, ao representarem a vontade do eleitorado, ao qual respondem, têm um mandato para tomar decisões em nome do eleitorado para responder às necessidades e preocupações do eleitorado, é evidente que a democracia é bastante semelhante, se não idêntica, à boa governação. A terceira concetualização da governação prevê ou trata a boa governação como uma forma de governação em que o governo governa e toma decisões no interesse da população, independentemente de ser ou não representativo e em que medida.

Num sentido, a boa governação é um modo de governar sem corrupção, noutro sentido,

---

[2] A governação e a boa governação também têm sido equiparadas à democracia e/ou à ausência de corrupção. A ideia de que a governação pode ser equiparada ou reduzida à ausência de corrupção foi criticada por Kaufmann (2005).

a boa governação é simplesmente a governação democrática, enquanto no terceiro sentido, a boa governação refere-se ao facto de ser possível governar bem em contextos que são imperfeitamente representativos e democráticos. Estas três conceptualizações de boa governação atribuem a boa qualidade da governação à sua natureza não corrupta, democrática ou tecnicamente competente, mas, devido ao seu reducionismo, fornecem uma descrição bastante inadequada da governação e das suas qualidades.

Os documentos produzidos pelas organizações internacionais reconheceram quase sempre o facto de que a governação e a boa governação são multidimensionais, uma vez que dizem respeito e reflectem uma pluralidade de qualidades e características. Para o FMI, a boa governação é um tipo de governo livre de corrupção, eficiente e responsável que respeita o Estado de direito[3] . Para a ONU, a boa governação é um tipo de governação que respeita o Estado de direito, mas também é participativa, transparente, responsável, reactiva, eficiente e eficaz, equitativa e inclusiva, e orientada para o consenso[4] . Para o Banco Mundial, a boa governação pode ser identificada em países com uma sociedade civil forte, um governo responsável, uma burocracia profissional, o Estado de direito e onde as decisões são tomadas de forma aberta e previsível[5] .

Apesar das suas diferenças, estas três definições ou conceptualizações de governança concordam em dois pontos básicos: primeiro, a boa governança é um fenómeno multidimensional ou multifacetado e, segundo, a governança não pode ser boa na ausência de um certo nível de representatividade, capacidade de resposta e responsabilidade.

Estas três características podem ser utilizadas para mapear o universo da governação, como mostra o Quadro 6.

---

[3] http://www.imf.org/ external/np/gov/ guide/eng/index.htm
[4] http://www.unescap.org/sites/default/files/good-governance.pdf
[5] http://www-wds.worldbank.org/servlet/WDSContentServer/WDSP/IB/1994/05/01/000009265
3970716142854/Rendered/PDF/multiOpage.pdf

Quadro 6. Mapeamento da governação

	Representative	Responsive	Responsible
Good governance	+	+	+
Irresponsive democracies	+	-	+
Populist authoritarian	-	+	-
Soft authoritarian, performance-oriented	-	+	+
Technocratic authoritarian	-	-	+
Dysfunctional democracies	+	-	-
Populist democracies	+	+	-
Poor governance	-	-	-

Nos países em que o exercício da autoridade é representativo, reativo e responsável, a governação é boa, enquanto nos países em que o exercício da autoridade carece de cada uma destas características, a governação é má. Entre estes dois extremos, a nossa taxonomia identifica uma vasta gama de opções possíveis. A nossa taxonomia identifica países em que o exercício da autoridade é representativo, mas não muito reativo nem responsável - uma categoria que pode ser considerada como incluindo todas as democracias disfuncionais em que se realizam eleições, são seleccionados líderes democráticos, mas em que o governo é incapaz de responder às exigências dos cidadãos ou de promover o bem-estar coletivo da sociedade. Há países em que o exercício da autoridade é simultaneamente representativo e reativo, mas irresponsável, como é o caso das democracias com governantes populistas. Há países onde a autoridade é exercida de forma muito responsável, sem ser representativa nem reactiva - é o que encontramos nos regimes autoritários tecnocráticos. Há países em que a autoridade é reactiva e responsável, mas inadequadamente representativa, e este é o caso dos governantes autoritários brandos, orientados para o desempenho. E há regimes autoritários que, nos seus esforços para satisfazer as exigências dos cidadãos, tomam decisões que são prejudiciais para o bem-estar da sociedade.

O reconhecimento de que a governação é multifacetada ou multidimensional e de que as dimensões ou sub-dimensões da governação podem ser ortogonais entre si levou os analistas a conceber quadros multidimensionais para avaliar a qualidade da governação a nível mundial[6].

---

[6] As concepções unidimensionais/reducionistas de governação e os esforços para a operacionalizar em métricas únicas (Huther e Shah 2005) negligenciam o facto de que a governação é um fenómeno multidimensional, que não há nenhuma razão teórica para que os países que têm um bom desempenho numa dimensão de governação o façam também numa dimensão diferente, que uma medida agregada de governação esconderia mais sobre o estado da governação num

Por exemplo, no que possivelmente representa o esforço mais abrangente - se não o melhor - até à data para acompanhar a qualidade da governação a nível mundial, Kaufmann e os seus colaboradores (Kaufmann et al. 1999) propuseram medir o nível de governação com base em seis indicadores: estabilidade política, a ausência de violência politicamente motivada; eficácia do governo, que se refere à capacidade do governo para conceber e aplicar políticas; voz e responsabilidade, que foram utilizadas para medir a representatividade e a responsabilidade do governo; capacidade de controlar a corrupção; e respeito pelo Estado de direito.

Estas dimensões e indicadores têm sido amplamente utilizados numa vasta gama de análises e estudos anteriores têm mostrado consistentemente que, independentemente da medida de governação utilizada e da forma como o desenvolvimento socioeconómico é operacionalizado, a qualidade da governação e o nível de desenvolvimento socioeconómico estão fortemente relacionados entre si. Uma melhor governação está associada a maior riqueza, maior esperança de vida, maior alfabetização dos adultos, menor mortalidade infantil e uma economia mais moderna (Pelizzo & Stapenhurst 2013). A associação entre estes dois conjuntos de variáveis pode não provar a causalidade e, acima de tudo, pode não provar conclusivamente a direção da causalidade - ou seja, se os países mais desenvolvidos têm melhor governação porque são desenvolvidos ou se porque a melhor governação promove o desenvolvimento, como Kaufmann e os seus colaboradores têm sugerido nas últimas duas décadas.

Dados, fontes e análises

A fim de testar se, e em que medida, a boa governação tem implicações para as empresas, exploraremos a relação entre os seis indicadores de boa governação concebidos por Kaufmann e seus colaboradores (Kaufmann et al. 1999) e, respetivamente, a estabilidade das políticas, a qualidade do ambiente empresarial e o nível de investimento direto estrangeiro (IDE).

Os seis indicadores de governação são a estabilidade política, o controlo da corrupção, a qualidade da regulamentação, o Estado de direito, a voz e a responsabilidade e a eficácia do governo. Os dados para cada um destes indicadores são retirados dos Indicadores Mundiais de Governação. Os valores para cada um dos indicadores de governação variam entre um mínimo de -2,50 e um máximo de 2,5. O IDE é medido com base nos fluxos líquidos (novos investimentos e desinvestimentos) em percentagem do PIB de um país. Os dados são retirados do conjunto de dados dos indicadores de desenvolvimento do Banco Mundial.

A continuidade das políticas a curto prazo (STPC) é medida com base numa escala de

---

100 pontos construída pelo Business Monitor International (BMI), que atribui uma pontuação de 100 a um país com o nível mais elevado possível de estabilidade das políticas e que atribui uma pontuação de 0 a um país onde as políticas têm o nível mais elevado possível de instabilidade e volatilidade.

A qualidade do ambiente empresarial é também medida pelo IMC com base numa escala de 100 pontos, em que 100 indica o melhor e 0 indica o pior ambiente empresarial.

No decurso desta análise, utilizaremos os dados recolhidos em Angola, Benim, Botsuana, Burkina Faso, Burundi, Camarões, Cabo Verde, República Centro-Africana, Chade, Comores, Congo Brazzaville, Congo Kinshasa, Costa do Marfim, Djibuti, Guiné Equatorial, Etiópia, Gabão, Gâmbia, Gana, Guiné, Guiné-Bissau, Quénia, Lesoto, Libéria, Madagáscar, Malawi, Mali, Mauritânia, Maurícia, Moçambique, Namíbia, Níger, Nigéria, Ruanda, São Tomé, Senegal, Seicheles, Serra Leoa, Somália, Somalilândia, África do Sul, Sudão do Sul, Suazilândia, Tanzânia, Togo, Uganda, Zâmbia, Zimbabué.

Os dados recolhidos nestes 49 países mostram que, na África Subsariana, existe um bom nível de continuidade das políticas, mas há também uma grande variação na continuidade das políticas nos vários países. De facto, a continuidade das políticas varia entre um mínimo de 10 registados no Mali em 2012 e um máximo de 95 registados no Senegal.

Os dados sobre a qualidade do ambiente empresarial mostram um quadro bastante diferente. Na nossa amostra, a qualidade do ambiente empresarial é geralmente dececionante. Varia muito, desde um mínimo de 19,6 registado no Chade até um máximo de 61,8 registado nas Maurícias - com uma média de apenas 34,92%.

Os dados sobre o IDE revelam que existe um nível de variação incrivelmente elevado na África Subsariana. De facto, o IDE variou entre um mínimo de -6% (o que significa que os desinvestimentos excederam largamente os novos investimentos) em Angola e um máximo de 78,1% registado na Libéria. A variação é tão grande que o desvio padrão excede largamente o valor da média continental.

As estatísticas descritivas (Quadro 7) traçam um quadro sombrio do nível de governação na África Subsariana. A pontuação média para cada um dos seis indicadores é solidamente negativa, o que significa que, independentemente da forma como se mede a governação ou do aspeto da governação que se analisa, o resultado é consistentemente que a governação na África Subsariana é pobre. Os países da África Subsariana são politicamente instáveis, incapazes de travar a corrupção, pouco representativos, como evidenciado por uma pontuação bastante baixa em termos de voz e responsabilidade, têm governos bastante ineficazes, têm uma fraca qualidade regulamentar e, em geral, desrespeitam o Estado de direito.

Os dados também revelam que, para cada uma das classificações de governação, existe uma variação considerável, o que significa que, enquanto alguns países têm níveis de governação moderadamente elevados, outros países têm alguns dos níveis de governação mais baixos do mundo. Para mais pormenores, ver Quadro 7.

Tabela 7. Estatísticas descritivas

	Min	Max	Mean	s.d.
STPC	10	95	58.7	21.06
Business environment	19.6	61.8	34.92	8.46
FDI	-6.0	78.1	7.14	12.42
Political stability	-2.27	1.11	-.46	.88
Control of corruption	-1.56	.94	-.63	.61
Voice and accountability	-1.87	.95	-.60	.70
Government effectiveness	-1.66	.93	-.75	.60
Regulatory quality	-1.83	.98	-.61	.58
Rule of law	-1.65	.94	-.69	.59

Os indicadores de governação têm sido geralmente reconhecidos como os principais determinantes do desenvolvimento socioeconómico. No presente documento, pretendemos testar a sua relação com o ambiente empresarial e a forma como as condições de governação e o ambiente empresarial afectam o IDE na África Subsariana.

Os resultados da análise de correlação revelam que todos os coeficientes de governação estão fortemente correlacionados com o STPC e com a qualidade do ambiente empresarial, que o STPC é mais sensível a alterações no nível de estabilidade política do que a alterações em qualquer outra faceta da governação, enquanto a qualidade do ambiente empresarial é mais sensível a alterações no nível de eficácia do governo. E, na medida em que é possível postular a existência de um nexo de causalidade entre os indicadores de governação e a continuidade das políticas ou a qualidade do ambiente empresarial, a estabilidade política é o fator determinante mais importante da continuidade das políticas, enquanto a eficácia do governo é o fator preditor mais importante da qualidade do ambiente empresarial.

Uma vez que a literatura tem geralmente afirmado que a instabilidade política e o risco político estão intimamente ligados à qualidade da governação, que a má governação tem um efeito desestabilizador nos sistemas políticos e que a instabilidade política afecta o nível de investimentos directos estrangeiros (Busse e Hefeker 2007), os resultados dos investimentos directos estrangeiros (Clark 1997), estratégias de investimento Cosset e Suret (1995) e, em última análise, o crescimento económico (Alesina e Perotti 1994), é razoável colocar a hipótese de que a variação nos indicadores de governação, na continuidade das políticas e na qualidade do ambiente empresarial está fortemente relacionada com o nível de IDE num determinado país ou tem um impacto importante sobre o mesmo.

Tabela 8. Análise de correlação (.sig)

	STPC	Bus. Env.	FDI
Political stability	.65 (.000)	.55 (.000)	.01 (.944)
Control of corruption	.42 (.004)	.55 (.000)	.01 (.944)
Voice and accountability	.48 (.001)	.65 (.000)	.00 (.999)
Government effectiveness	.54 (.000)	.87 (.000)	-.16 (.293)
Regulatory quality	.54 (.000)	.79 (.000)	-.17 (.253)
Rule of law	.57 (.000)	.81 (.000)	-.10 (.515)
STPC	1	.43 (.003)	.24 (.126)
Business Environment		1	-.20 (.198)
FDI			1

Os resultados da análise de correlação revelam uma história bastante diferente. Não existe uma relação significativa entre o afluxo líquido de IDE e a qualidade da governação, a continuidade das políticas ou a qualidade do ambiente empresarial. Se os coeficientes de correlação não fossem insignificantes, os resultados das análises de correlação sugeririam que o afluxo líquido de IDE em percentagem do PIB de um país está inversamente relacionado com a eficácia do governo, a qualidade da regulamentação, o nível do Estado de direito, a continuidade das políticas e a qualidade do ambiente empresarial. Por outras palavras, se os coeficientes de correlação fossem significativos, indicariam que os países com sistemas políticos mais instáveis, mais desregulamentados e mais ineficazes são mais atractivos para os investidores do que os países com sistemas políticos mais estáveis, mais eficazes e com um funcionamento mais adequado.

O facto de os coeficientes de correlação serem, pelo contrário, insignificantes apenas nos permite dizer que o volume de IDE não é significativamente afetado, de uma forma ou de outra, pela qualidade da governação, independentemente da forma como é medida, pela continuidade das políticas e pela qualidade do ambiente empresarial.

Tabela 9. Análise de regressão

	Dependent variable					
	(1)	(2)	(3)	(4)	(5)	(6)
Regressors	STPC	Bus. Env.	FDI	FDI	FDI	FDI
Political stability	12.97* (.004)	-.05 (.961)	.78 (.598)	—	—	—
Control of corruption	-15.13* (.079)	-5.38* (.002)	7.84 (.211)			
Voice and account- ability	-2.81 (.663)	-.13 (.928)	5.82 (.301)			
Government Effectiveness	4.61 (0.725)	14.12* (.000)	-10.51 (.262)			
Regulatory quality	.54 (0.422)	2.80 (.309)	-7.45 (.279)			
Rule of law	.57 (0.439)	.97 (.763)	.91 (.888)			
STPC	—	—	—	-.05 (.284)	-.07 (.126)	—
Business Environment	—	—	—	-.09 (.486)	—	-.15 (.198)
R^2	.495	.805	.142	.068	.056	.040
$Adj.R^2$	.414	.774	.006	.021	.033	.017
Number of observations	44	44	45	43	43	43

* indicates statistical significance at 10 % level. Heteroskeasdicity-robust p-values are in paranthesis.

Para analisar a questão de forma mais aprofundada, utilizámos uma análise de regressão, cujos resultados estão resumidos no Quadro 9.

As colunas (1) e (2) confirmam a nossa conclusão de que os coeficientes de governação estão fortemente correlacionados com o STPC e com a qualidade do ambiente empresarial. Na Regressão 1, esta correlação é captada pelo coeficiente de estabilidade política e de controlo da corrupção. O coeficiente negativo do controlo da corrupção é bastante surpreendente, mas isso deve-se inteiramente à elevada correlação entre os regressores. De facto, quando verificamos os factores de inflação da variância, detectamos um elevado grau de colinearidade. Se regredirmos o STPC individualmente nas variáveis de governação (ver os gráficos de dispersão no Apêndice), concluímos que existe uma relação positiva entre o STPC e as variáveis de governação.

Na Regressão 3 (Coluna 3 do Quadro 9), confirmamos a nossa conclusão anterior de que nenhuma das variáveis políticas tem uma relação significativa com o IDE. Verificamos ainda este resultado regredindo o IDE em função do STPC e da qualidade do ambiente empresarial em conjunto (Regressão 4) e separadamente (Regressão 5 e 6). Verificamos novamente que nenhum dos regressores é estatisticamente significativo. Além disso, em todas as regressões com o IDE como variável independente, os valores *de R~* são significativamente baixos e os valores *de R~* ajustados descem acentuadamente.

Por que razão não existe uma relação significativa entre a boa governação, a qualidade do ambiente empresarial e a estabilidade política, por um lado, e o IDE, por outro?

Discussão

Há pelo menos três razões diferentes, e possivelmente relacionadas, pelas quais o IDE em África não parece ser afetado pela qualidade da governação, independentemente da forma como é medida, pela estabilidade política e pela qualidade do ambiente empresarial.

A primeira explicação é que África é diferente. Num estudo pioneiro sobre o IDE no continente africano, Asiedu (2002) refere que África era excecional em vários aspectos. Em primeiro lugar, apesar de um boom de IDE, África, que era então a região mais pobre do mundo, não foi tão bem sucedida como outras regiões na atração de IDE. Em segundo lugar, os factores que foram responsáveis pelo fluxo de IDE para países não pertencentes à África Subsariana não foram responsáveis pelo fluxo de IDE para a África Subsariana. Por exemplo, Asiedu (2002) refere que, embora a maior rendibilidade do capital tenha promovido o IDE em países não pertencentes à África Subsariana, não o fez na África Subsariana. Do mesmo modo, o desenvolvimento de infra-estruturas foi um fator determinante do IDE para os países da África não Subsariana, mas não para os países da África Subsariana. África é diferente. A lógica que rege o IDE em África pode não ser a mesma que rege o IDE noutras regiões do mundo, o que poderia explicar por que razão a instabilidade e a corrupção afastam os investidores estrangeiros da África Subsariana, mas não o fazem na África Subsariana.

A segunda explicação é que a África é um continente em rápida mudança e que os factores que afectam o IDE num determinado momento podem não ser significativos num momento diferente. A comparação de dois trabalhos de Asiedu (2002, 2006) permite-nos ilustrar este ponto. No estudo de 2002, Asiedu afirma que as infra-estruturas e a instabilidade política não tiveram um impacto significativo no IDE na África Subsariana. No seu estudo de 2006, observou, pelo contrário, que a entrada de IDE era afetada não só pela dimensão do mercado, pela dotação de recursos naturais e pela presença de sistemas jurídicos eficientes, mas também pelas infra-estruturas, pela instabilidade e pela corrupção, que, no seu estudo anterior, não pareciam desempenhar qualquer papel. Se a primeira explicação é que a África é diferente, a segunda é que a África está a mudar rapidamente. A implicação é que o impacto que certos factores sociais, políticos e jurídicos podem ter no IDE não é constante, mas variável e varia não só em grau (mais ou menos) mas também em espécie (significativo/insignificante).

A terceira explicação é de carácter comportamental. A instabilidade, a corrupção e a má qualidade do ambiente empresarial não dissuadem os investidores estrangeiros. Há várias razões pelas quais estes factores podem não dissuadir os investidores estrangeiros. Uma das razões, muito simples, é que os investidores estrangeiros podem não ter alternativas ao investimento na África Subsariana e, por isso, investem no continente apesar do facto de o ambiente empresarial ser mais arriscado do que noutras regiões. Uma segunda razão pela qual os investidores estrangeiros podem não ser dissuadidos de investir na África Subsariana é que, ao anteciparem os riscos a que estão expostos, podem tomar medidas preventivas para proteger as suas actividades e lucros de potenciais riscos e ameaças. Por exemplo, podem comprar seguros para proteger os seus investimentos ou podem exigir incentivos fiscais aos governos anfitriões (Emel & Huber 2008) para contrabalançar os possíveis efeitos dos riscos previstos. Ao segurar os seus investimentos ou ao receber incentivos fiscais generosos, os investidores estrangeiros podem tomar medidas para proteger a rendibilidade dos seus investimentos e podem decidir investir em ambientes politicamente instáveis e corruptos sem pôr em risco os interesses das suas empresas.

Conclusão

O objetivo da presente nota era testar se e em que medida a qualidade da governação afecta o ambiente empresarial e os investimentos directos estrangeiros. Os dados aqui apresentados sustentam a afirmação de que a qualidade da governação afecta a estabilidade das políticas e a qualidade do ambiente empresarial. Níveis mais elevados de instabilidade política e de corrupção, níveis mais baixos de responsabilização, menor qualidade regulamentar, menor eficácia do governo e uma aplicação mais inadequada do Estado de direito têm um impacto negativo na continuidade das políticas e na qualidade do ambiente empresarial.

A nossa análise dos dados também revela que nem a qualidade da governação nem a qualidade do ambiente empresarial têm qualquer impacto, pelo menos na África Subsariana, no nível de IDE. Embora os dados de que dispomos não nos permitam argumentar de forma conclusiva porque é que isto acontece, utilizámos algumas provas apresentadas e discutidas na literatura para formular três suposições fundamentadas sobre a razão pela qual o IDE na África Subsariana não é afetado nem pela qualidade da governação nem pela qualidade do ambiente empresarial. Ao fazê-lo, notámos que a África Subsariana é um ambiente político e empresarial em rápida mutação que pode responder de forma diferente, em diferentes momentos, a condições semelhantes; que a África Subsariana é excecional em vários aspectos e que o que explica o IDE noutras regiões pode não se aplicar neste contexto; e, finalmente, que os investidores estrangeiros podem não ser dissuadidos pela má qualidade da governação e do ambiente empresarial, quer porque não têm alternativas, quer porque tomam medidas para prevenir/neutralizar os problemas que podem encontrar ao desenvolverem as suas actividades no continente.

Se o nosso último ponto estiver correto, o valor dos indicadores de governação e de outras estimativas de riscos políticos não consiste tanto em ajudar o analista a prever padrões e volumes de IDE, mas sim em fornecer à comunidade empresarial a informação de que necessita para antecipar os riscos a que pode estar exposta e para proteger a rentabilidade dos seus investimentos.

Bibliografia

Alesina, A. & R. Perotti. (1994). "The political economy of growth: a critical survey of the recent literature", *The World Bank Economic Review 8*(3): 351-371.

Asiedu, E. (2002). 'On the determinants of foreign direct investment to developing countries: is Africa different? *World Development 30*(1): 107-119.

Asiedu, E. (2006). "Foreign direct investment in Africa: The role of natural resources, market size, government policy, institutions and political instability", *The World Economy 29* (1): 63-77.

Busse, M. & C. Hefeker. (2007). "Political risk, institutions and foreign direct investment", *European Journal of Political Economy 23* (2): 397-415.

Clark, E. (1997). "Valuing political risk", *Journal of International Money and Finance 16* (3): 477-490.

Cosset, J.-C. & J.-M. Suret. (1995). Political risk and the benefits ofinternational portfolio diversification", *Journal ofinternational Business Studies'.* 301- 318.

Emel, J. & M. T. Huber. (2008). "Um negócio arriscado: Mining, rent and the neoliberalization of risk", *Geoforum 39* (3): 1393-1407.

Gray, C. W. &D. Kaufman. (1998). *Corruption and Development.* Banco Mundial,

Washington, DC.

Huther, J. & A. Shah. (2005). "A simple measure of good governance". Em A. Shah (ed.), *Public Services Delivery,* Banco Mundial: 39-61.

Kaufmann, D. (2005). "Myths and realities of governance and corruption", *Fórum Económico Mundial, Global Competitiveness Report 2005-2006* : 8198.

Kaufmann, D., A. Kraay & M. Mastruzzi (2005). *Governance Matters IV: Governance Indicators For 1996-2004.* The World Bank Policy Research, working paperno.3630.

Kaufmann, D., A. Kraay & P. Zoido-Lobaton. (1999). *Governance Matters.* The World Bank Policy Research, working paper no.2196.

Morlino, L., B. Dressel & R. Pelizzo. (2011). "The quality of democracy in asia-pacific: issues and findings", *International Political Science Review 32*(5): 491-511.

Pelizzo, R. (2012). "Corruzione e sviluppo". Em R. Pelizzo, *Le Strategie della Crescita, Napoli, Guida'. S'l-'li.*

Pelizzo, R. & F. Stapenhurst. (2013). "The dividends of good governance", *Poverty & Public Policy 5*(4): 370-384.

Rhodes, R. A. W. (1996). "The new governance: governing without government", *Political Studies 44*(4): 652-667.

Figura 1. Gráficos de dispersão, continuidade das políticas a curto prazo

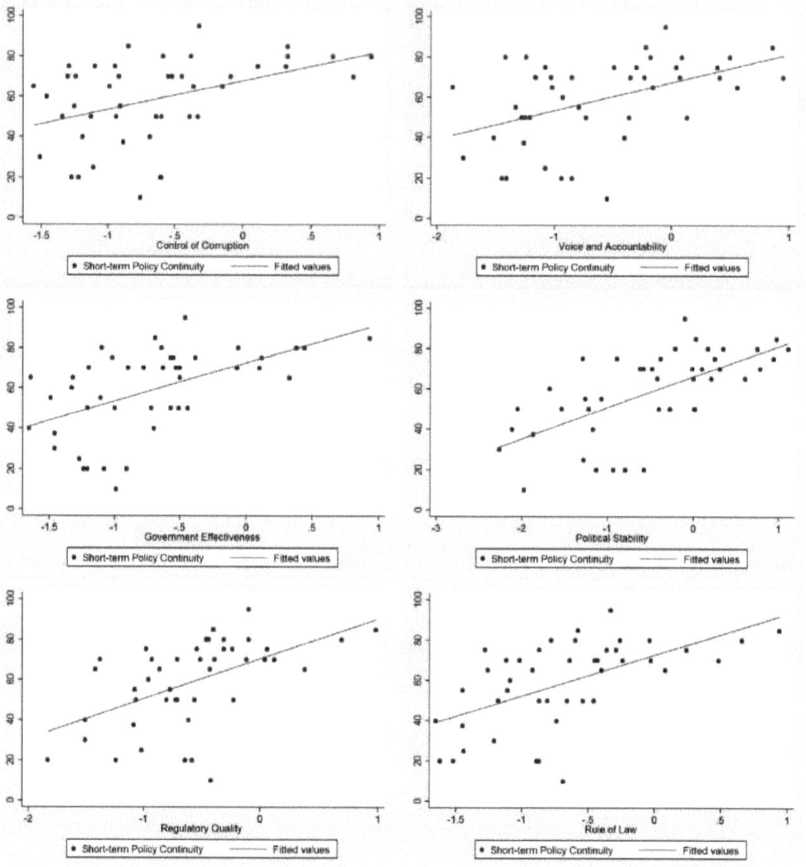

Figura 2. Gráficos de dispersão, Qualidade do ambiente empresarial

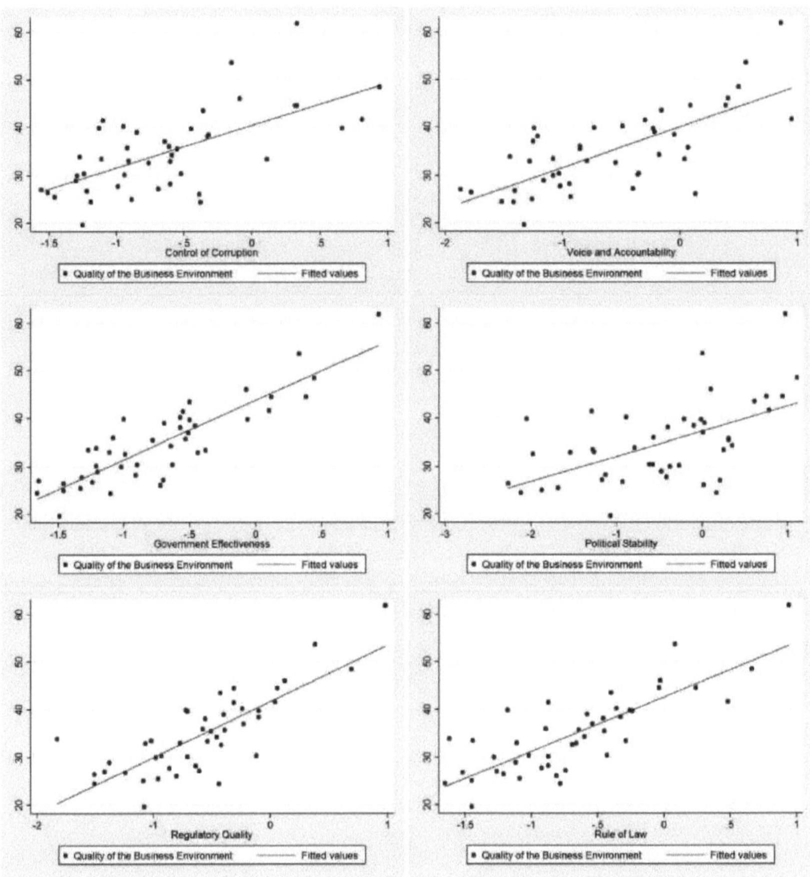

Figura 3. Gráficos de dispersão, IDE

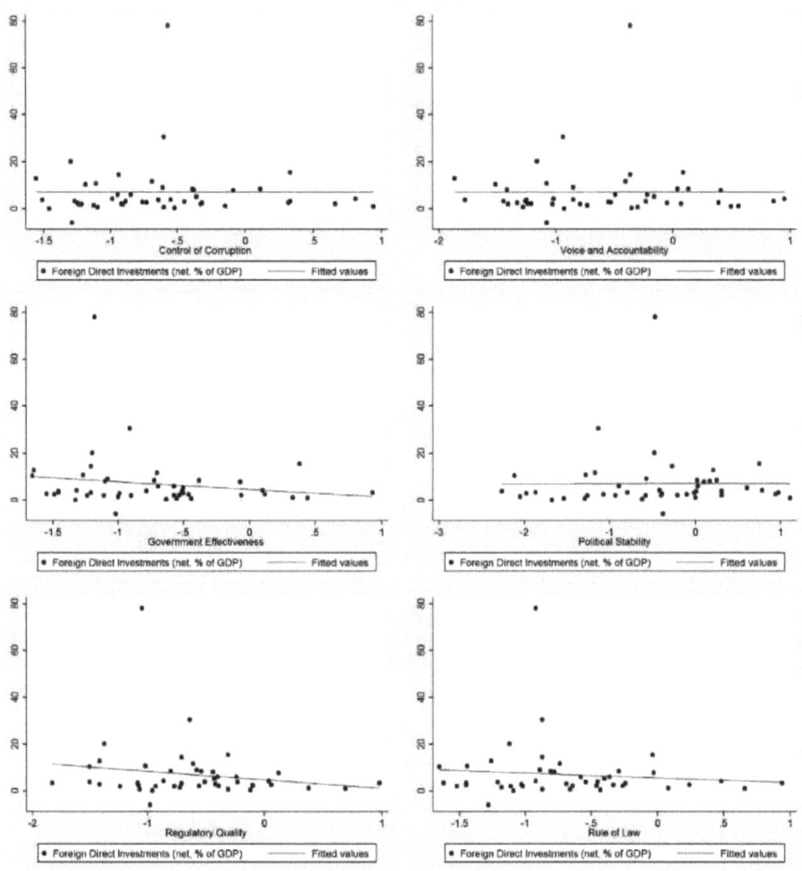

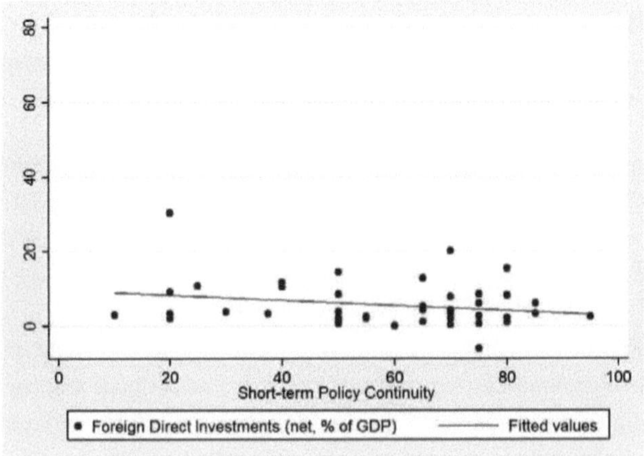

80
60
40
20
0
Short-term Policy Continuity
0
20
40
60
80
100
Foreign Direct Investments (net, % of GDP)
Fitted values

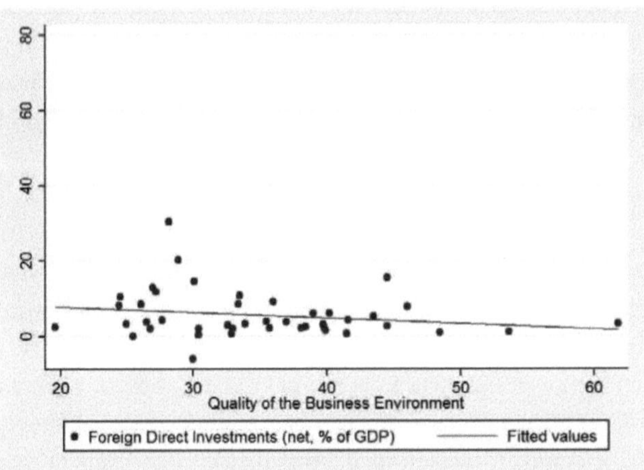

80
60
40
20
0
Quality of the Business Environment
20
30
40
50
60
Foreign Direct Investments (net, % of GDP)
Fitted values

Ibn Khaldun e a mudança de regime: o ciclo do poder

Niamh Collins e Neil Collins

> ... apesar do brilhantismo da sua análise e da influência que exerceu sobre alguns historiadores ocidentais, continua a ser surpreendentemente pouco conhecido fora dos círculos dos orientalistas. Mesmo aí, o que ele tinha para dizer tem sido pouco utilizado ou apreciado. (Polk, 2001: 1)

A fama e a reputação de Ibn Khaldun ressurgiram recentemente, à medida que a força da sua análise da ascensão e declínio dos regimes políticos passou a ser mais amplamente traduzida e lida. [st]Com o quadro analítico oferecido por Ibn Khaldun, a mudança de regime é vista como cíclica e quase inevitável - embora, mesmo no século XXI, o resultado não seja necessariamente democrático. O argumento aqui apresentado é que este modelo de mudança de regime mantém um forte poder preditivo e actua como um corretivo à análise atualmente dominante, baseada na ideia de que a política segue uma progressão linear em direção a um resultado democrático. [th]Tomamos como foco de análise o mesmo espaço do Médio Oriente e do Norte de África (MENA) que Ibn Khaldun investigou no século XIV.

Ibn Khaldun (1332 -1406) observou a ascensão e a queda de muitos líderes políticos, muitas vezes subindo às camadas de elite da sociedade e depois caindo nas masmorras. Tinha uma boa formação e era engenhoso. Mais tarde, passou algum tempo a viver com as tribos beduínas. Informado por estas experiências e por provas empíricas mais alargadas, Ibn Khaldun fez observações que o ajudaram a identificar o que considerava ser um padrão social e histórico. Examinou com especial atenção a luta pelo poder entre os habitantes urbanos e os nómadas no cenário político beduíno e mais vasto da sua época. O processo político que descreve é cíclico, inexorável, transitório e sem direção fixa. Não pressupõe disposições constitucionais específicas. Os métodos de Ibn Khaldun são "científicos", mas a sua análise não é isenta de valores:

> Há uma diferença fundamental... entre os sociólogos ocidentais modernos e Ibn Khaldun. Apesar de toda a sua objetividade "científica", Ibn Khaldun ainda escreve como um crente. Há um imperativo moral na sua interpretação da asabiyya como o princípio organizador da sociedade. (Ahmed, 2005: 593)

Como observa Ahmed, no centro da análise de Ibn Khaldun está o conceito de - um forte sentimento de grupo baseado na unidade, lealdade, coesão social e solidariedade poderosa.

Asabiyyah não é apenas o laço das relações de sangue, embora possa assemelhar-se a ele, mas a capacidade de identificar um interesse comum com os outros. Pressupõe a existência de um grupo unido, solidário, leal e disposto a sacrificar-se pelo bem maior dos seus membros. A asabiyyah pode ser gerada pela experiência de dificuldades colectivas ou de luta militar[7].

O sentimento de grupo produz a capacidade de se defender, de se proteger e de fazer valer as suas pretensões. Quem perde o seu sentimento de grupo é demasiado fraco para fazer qualquer uma destas coisas. (Ibn Khaldun, 1969: 111)

Um sistema baseado no processo cíclico e na asabiyyah de Ibn Khaldun pode ser alcançado com uma liderança carismática e democrática. Embora não seja estritamente necessária, a democracia é um resultado possível. No entanto, na época em que Ibn Khaldun estava a escrever, a norma em torno da mudança de regime baseava-se em derrubes sangrentos e no saque de cidades.

A África pré-colonial era muito sensível às tensões migratórias e aos conflitos territoriais - talvez até numa escala mais vasta do que a atual. As culturas africanas baseavam-se em muralhas e outros marcos fronteiriços rigorosos... Imagens de satélite recentes, bem como estudos arqueológicos, fornecem provas irrefutáveis de que a África antiga se baseava em marcos fronteiriços precisos que separavam os Estados e os grupos políticos. (Oduntan, 2015)

[st]No século XXI, o ciclo continua, mas as "regras" mudaram. O contexto histórico e cultural é fundamental para compreender que a difamação dos adversários eleitorais pode substituir a pilhagem das aldeias e que, nalguns aspectos, a asabiyyah foi substituída pelo partidarismo e pelo nacionalismo. Ibn Khaldun sublinhou, no entanto, a interdependência entre religião, política e economia, bem como as variáveis militares e culturais. É importante notar, como faz Ahmed, que existe potencialmente:

> ...um lado negro... Embora a asabiyya, como princípio exclusivista, funcionasse para a maioria do grupo, podia degenerar... em tirania para a minoria. Além disso, embora a ascensão de uma nova ordem seja cheia de esperança, o seu eventual fim é simultaneamente previsível e desanimador. A inevitabilidade do

---

[7] "Solidariedade social com ênfase na consciência de grupo, coesão e unidade. Familiar na era pré-islâmica,... Asabiyyah não é necessariamente nómada nem se baseia em relações de sangue. No período moderno, o termo é análogo a solidariedade". John L. Esposito, (2004), *The Oxford Dictionary of Islam*. Oxford: Oxford University Press.

[8] Entendida como dignidade humana . Ver Jack Donnelly, (1982), Human Rights and Human Dignity: An Analytic Critique of Non-Western Conceptions of Human Rights", *The American Political Science Review* 76(2), pp. 303-316. Donnelly sugere que "o que realmente importa é o dever e não os direitos, e quaisquer direitos que existam são uma consequência do estatuto ou das acções de uma pessoa, e não da sua natureza", p. 307.

[9] A Argélia, a Síria e o Egipto realizaram eleições presidenciais; o Parlamento libanês reuniu-se para eleger o Presidente da República; e o Iraque realizou eleições legislativas.

[10] Mais de 36 regimes, dois terços de democracias e os restantes de autocracias.

[11] Esta interpretação do termo é atribuída a T. Hussein. (Rabi, 1967: 23).

ritmo da história de Ibn Khaldun confirma ainda mais o seu pessimismo inerente. (Ahmed, 2013)

Para além disso, a asabiyyah pode ser levada a extremos não previstos por Ibn Khaldun. O conceito não se baseia em níveis de autoestima que exijam o ódio ao "outro". Também deve ser entendido no âmbito das directrizes islâmicas mais amplas sobre como e quando empregar a força militar. (Ali & Rehman, 2005) A igualdade da vida humana e a aceitação dos "direitos humanos"[8] são essencialmente obrigações religiosas no Islão.

> ... é dever do Estado reforçar a dignidade humana e aliviar as condições que impedem os indivíduos nos seus esforços para alcançar a felicidade. (Said, 1980: 91)

O que ficou conhecido como "primavera Árabe" ou "Despertar Árabe" provocou mudanças radicais de regime em todo o Norte de África, em especial na Tunísia, na Líbia, no Egipto e, em menor escala, em Marrocos e na Argélia. Na maioria dos casos, partidos políticos claramente islâmicos substituíram antigos regimes largamente seculares. No Médio Oriente, a instabilidade política e os desafios islâmicos são um padrão cada vez mais dominante. Vários regimes autoritários foram destituídos para serem substituídos por "alguma variante de guerra civil ou restauração autoritária". (Hinnebusch, 2015) O discurso dominante sobre a mudança de regime no Norte de África e no Médio Oriente é, no entanto, informado pela ideia de que as sociedades estáveis são democráticas e que este estatuto é o ponto final do inexorável processo de modernização.

Como diz Rivetti em relação à literatura académica:

> ... demonstra a relevância e o poder normativo da retórica da democracia e das teorias da democratização, que têm sido dominantes no pensamento político ocidental e ainda exercem uma influência muito forte. (Rivetti, 2013: 580)

Referindo-se à "mudança democratizante no Médio Oriente e no Norte de África", Joffe sugere:

> ...os resultados eleitorais são notoriamente difíceis de prever com certeza, mas parece haver boas razões para confiar na insistência dos manifestantes num futuro democrático... (Joffe, 2011: 526)

As eleições são um indicador imperfeito do desenvolvimento democrático. Por exemplo, entre meados de abril e o início de junho de 2014, a Argélia, o Líbano, o Iraque, o Egipto e a Síria realizaram eleições nacionais, mas poucos afirmam que estas assinalaram transições democráticas significativas[9].

Apesar das promessas públicas em contrário, a Argélia, Marrocos e a Tunísia continuam a ser governados de forma autocrática, mesmo quando as suas sociedades civis aspiram a um maior espaço público. Em vez de promoverem passos concretos no sentido da democratização... os três Estados do Magrebe estão a seguir estratégias de sobrevivência que conduzem a um autoritarismo robusto que parece pouco provável de ser derrubado tão cedo. (Entelis, 2005: 537)

Theodore Friend, o historiador e romancista americano, sugere que o desenvolvimento da sociedade civil "assegurará contra os ciclos entediantes de Ibn Khaldun". (Friend, 2011) O pináculo do argumento da inevitabilidade democrática é ocupado por Fukuyama:

> O que está a emergir vitorioso... não é tanto a prática liberal, mas a *ideia* liberal... *[Não há]* agora nenhuma ideologia com pretensões à universalidade que esteja em posição de desafiar a democracia liberal... os não-democratas vivos terão de falar a linguagem da democracia para justificar o seu desvio do padrão universal único. (Fukuyama, 1992: 45)

O ponto de vista da democratização é informado pelos desenvolvimentos históricos e filosóficos da sociedade ocidental. É, portanto, baseado em proposições de valor que, mesmo em democracias vibrantes, são imperfeitamente observadas. Entre elas estão:

* todas as opiniões são mutáveis;
* as maiorias de voto são essencialmente temporárias; e,
* todos os juízos de valor têm a mesma importância.

Estas proposições parecem sugerir que as sociedades democráticas se baseiam na dúvida constante e que a deliberação é a base da formação de opinião. De facto, a maioria dos cidadãos das democracias em funcionamento raramente muda de opinião sobre questões políticas e o partidarismo assegura uma continuidade razoável. A derrota eleitoral é aceite porque é "temporária" e, de facto, o vencedor raramente "leva tudo". O grupo racial, linguístico ou regional marginalizado de hoje pode ser a chave para a estabilidade política de amanhã.

Estas condições políticas são satisfeitas com pouca frequência e podem não ser a receita para todas as sociedades. Exigem quase sempre um nível de aceitação das diferenças culturais que se tem revelado difícil de alcançar mesmo em sociedades democráticas bem estabelecidas. Vale a pena registar, portanto, as observações de Ennaji de que:

> ... o multiculturalismo, como noção e como forma de governação, e como filosofia política, não é amplamente conhecido nos Estados do Norte de África. Não é compreendido com exatidão nem investigado, mesmo entre os intelectuais, sejam eles progressistas, secularistas ou islamistas. (Ennaji, 2014: 2)

Num estudo sobre mais de 500 eleições em todo o mundo, incluindo tanto democracias como ditaduras[10] , Cuzan conclui que:

> ... o partido ou coligação no governo representa uma minoria do eleitorado... os

titulares sofrem uma erosão de apoio ao longo do tempo. Nas democracias... cerca de dois terços do eleitorado vê o seu partido ou coligação preferida no governo de tempos a tempos. (Cuzan, 2015: 415)

Ibn Khaldun contemporâneo

Este artigo investiga em que medida um modelo alternativo pode ser construído com base nos trabalhos filosóficos de Ibn Khaldun que, há séculos, propôs um modelo cíclico de mudança política baseado na natureza inerente da lealdade na sociedade em que vivia. No entanto, o seu objetivo não se limitava ao seu tempo. Designou a sua teoria por "ciência da civilização"[11] e o seu vasto âmbito de aplicação abrange a geografia, a economia, a psicologia, a ciência política e outras disciplinas que são hoje amplamente reconhecidas. Os seus métodos:

> ...satisfaria o critério de Aristóteles do que é "ciência".
>
> Nomeadamente, para que uma teoria seja científica, deve expor verdades universais, e não apenas verdades particulares limitadas a uma sociedade específica, e essas verdades não devem ser o resultado de forças ou desígnios sobrenaturais intervenientes. (Khalil, 2007: 229)

Ibn Khaldun procurou explicar a estabilidade política. Reconstituiu a história como uma viagem do caos para um sistema político baseado numa apreciação desenvolvida dos benefícios da solidariedade social e da vida sedentária e urbana. Responde à questão, tal como Polk a coloca:

> Porque é que tribos divididas pela geografia, que competem por recursos escassos e que, como ele escreveu, são praticamente animais selvagens, conseguem por vezes ultrapassar as suas divisões e organizar-se de forma a projetar o poder com sucesso? (Polk, 2009: 58)

Para Ibn Khaldun, a chave não era o medo hobbesiano de um regresso a um regime brutal de egoísmo inabalável, mas a ideia mais positiva de asabiyyah, essencialmente o sentido de solidariedade dos grupos tribais. Esta noção foi fortemente reforçada pelo tempo que passou com as tribos beduínas, mas era também evidente nas forças sociais que originalmente difundiram o Islão. A ausência de asabiyyah é também responsável pelo declínio político.

Ibn Khaldun acreditava que a história sugeria que a estabilidade era regida por ciclos. No início, o estabelecimento da estabilidade resulta da deslocação de um grupo ou tribo de um sistema que não funciona e que se tornou complacente. A filosofia política de Ibn Khaldun não se baseia essencialmente na religião, embora ele próprio fosse um muçulmano devoto, mas há sempre um tom moral no seu relato histórico. Tal como Tomás de Aquino, Ibn Khaldun acreditava que a providência de Deus continuava a atuar no mundo, mas não de uma forma óbvia. (Zubaida, 2009)

A sua filosofia concetual da história não se baseava num entendimento do historicismo do Alcorão. Pelo contrário, as ideias de Ibn Khaldun sobre a mudança histórica baseavam-se na sua observação da sociedade norte-africana do seu tempo. (Choudhury, 2007: 24)

Assim, a recolha de provas empíricas e a identificação de padrões de comportamento iluminaram o plano divino, em vez de questionarem a sua existência. Ibn Khaldun era livre de recorrer a informações históricas judaicas e cristãs evitadas por outros académicos muçulmanos contemporâneos. (Rosenthal, 1984)

O Muqaddimah, o texto mais influente de Ibn Khaldun, não se centra apenas na sociedade e civilização islâmicas. Ibn Khaldun é claro ao afirmar que está a analisar a história do mundo e, como afirma Alatas, está:

> ...aplicável a todos os tipos de sociedades, nómadas ou sedentárias, feudais ou prebendai, muçulmanas ou não muçulmanas. (Alatas, 2007: 270)

Ibn Khaldun sugeriu que a mudança de regime era o produto de processos que minam as entidades políticas norte-africanas, transformando uma liderança forte e carismática numa gestão pública efémera e em busca de rendimentos, que perde a lealdade dos seus habitantes e torna o regime vulnerável a invasões externas.

Ibn Khaldun descreve um ciclo composto por cinco fases que descreve a ascensão e a queda de um regime político.

1. Conquista - baseia-se em fortes sentimentos de asabiyyah que produzem uma força irresistível entre os membros da tribo.
2. Governante único - emergência de um líder carismático e respeitado.
3. Governo popular alargado - o período em que os líderes retiram força e inspiração do grupo.
4. Excesso de confiança - o governante torna-se complacente e afasta-se da maioria da população. O governante torna-se recluso e rodeia-se dos seus servos mais leais. A população torna-se "sedentária" e habituada aos luxos da vida citadina.
5. Colapso - um novo grupo tribal "desfavorecido" assume o controlo. A sua união dá-lhes "a vantagem".

Os primórdios da história do Islão fornecem muitos exemplos da primeira fase, com o fervor religioso a fornecer a solidariedade a *fortiori*. A posterior invasão muçulmana da Albéria no início do século VIII (o califado ocidental), tendo sobrevivido ao destino dos seus homólogos orientais, acabou por sucumbir à decadência. Em 1248, 84 anos antes do nascimento de Ibn

Khaldun, Sevilha, a cidade central, tinha sido perdida. O controlo muçulmano do sul de Espanha e do Norte de África estava fragmentado. Grande parte da vida de Ibn Khaldun girou em torno das várias tentativas de diferentes grupos para assegurar um controlo hegemónico sobre o Magrebe. (Alatas, 2013) Pode até ter pensado que tinha identificado o próximo grupo com a qualidade essencial da asabiyyah nos mongóis liderados por Tamerlão, que Ibn Khaldun conheceu em 1401 durante o cerco de Damasco. (Fischel, 1952)

[th]Embora o contexto das cidades-estado no século XIV seja bastante diferente do atual, não é preciso muita imaginação para aplicar as mesmas regras gerais hoje em dia. A análise de Ibn Khaldun baseia-se num corpo auto-consistente de proposições demonstráveis sobre a mudança histórica. (Hodgson, 2009) Este ciclo de cinco fases de estabilidade e instabilidade política foi concebido não só como uma descrição dos regimes conhecidos por Ibn Khaldun durante a sua vida, mas também como um mecanismo de previsão para administrações futuras. As fases são vistas como forças naturalmente sucessivas e quase imparáveis - uma fase conduz inevitavelmente à seguinte.

Para ver a força do modelo preditivo de Ibn Khaldun, não é necessário identificar em cada regime estável uma base de asabiyyah retirada das dificuldades rurais e da luta partilhada. É importante, como observa Tomar, empregar o modelo "sem cair na armadilha do anacronismo". (Tomar, 2008: 596) Os Estados modernos podem encontrar substitutos em "instituições de governo menos pessoais e mais formais". (Ottaway & Ottaway, 1970: 6) No entanto, o modelo de Ibn Khaldun sugere que o foco da lealdade e da solidariedade de grupo deve manter um objetivo moral e uma linhagem identificada. Por outro lado, as causas religiosas não terão êxito sem a asabiyyah:

> Isto porque ... qualquer empreendimento de massas (político) exige necessariamente um sentimento de grupo ... Muitas pessoas religiosas que seguem os caminhos da religião revoltam-se contra amires injustos ... Muitos indivíduos iludidos ... tomaram para si a tarefa de estabelecer a verdade. Não sabiam que para isso precisariam de um sentimento de grupo... (IbnKhaldun, 1969: 213)

Embora os clãs ou as tribos possam ser fenómenos marginais no Estado moderno, a asabiyyah baseia-se no entendimento de que a liderança do grupo é do interesse de cada indivíduo. A formação do Estado é assim orientada pela ordem e pelo interesse próprio:

> ... o mundo é um jardim cuja cerca é a dinastia. A dinastia é uma autoridade através da qual se dá vida a um comportamento correto. O comportamento correto é uma política dirigida pelo governante. O governante é uma instituição apoiada pelos soldados. Os soldados são ajudantes que são mantidos pelo

dinheiro. O dinheiro é uma substância reunida pelos súbditos. Os súbditos são servos que são protegidos pela justiça. (IbnKhaldun, 1969: 9)

Andar de bicicleta em direção à democracia?
Então, que modelo alternativo está Ibn Khaldun a oferecer ao modelo da "democracia inexorável"? Uma possibilidade é que ele veria no sucesso arrebatador do Estado Islâmico do Iraque e al-Sham (ISIS) a lição de que um objetivo moral fervoroso, mesmo que inicialmente brutal na sua implementação, oferece um caminho para a ordem e a base da estabilidade. Ibn Khaldun, afinal, disse que um califado era necessário porque tanto os companheiros de Maomé como a segunda geração de muçulmanos assim o acreditavam. (Ibn Khaldun, 1969: 156) Além disso, na comunidade muçulmana:

> ... a guerra santa é um dever religioso, devido ao universalismo da missão (muçulmana) e (à obrigação de) converter toda a gente ao Islão, quer pela persuasão, quer pela força. Por conseguinte, o califado e a autoridade real estão unidos no (Islão), de modo que a pessoa responsável pode dedicar a força disponível a ambos ao mesmo tempo... Os outros grupos religiosos não tinham uma missão universal e a guerra santa não era um dever religioso para eles, exceto para fins de defesa. (Ibn Khaldun, 1969: 303)

Além disso, a premissa central de Ibn Khaldun é que existem padrões repetidos na história islâmica que envolvem confrontos entre forças conservadoras e radicais que conduzem a conflitos militares e a novas disposições políticas. Os radicais, como os jihadistas, vencem inicialmente, mas os conservadores, maioritariamente nas cidades, acabam por prevalecer. O atual projeto conservador prevê um Islão que se adapte à modernidade - um projeto que o ISIS rejeita.

> Os oficiais do Estado Islâmico referem-se de forma irónica aos "modernos". Nas suas conversas, insistem que não podem - não podem - renunciar aos preceitos de governo que foram incorporados no Islão pelo Profeta Maomé e pelos seus primeiros seguidores. (Wood, 2015) O ISIS, ao declarar um califado, tem:

> ... estabeleceu o Estado ideal - um Estado baseado na lei islâmica, onde prevaleceriam a equidade e a justiça para todos os muçulmanos sunitas. O EI também apelou à ajuda para administrar, defender e contribuir para os seus esforços de construção do Estado. (Leong, 2015: 1)

Tal como o modelo de Ibn Khaldun, apresenta uma elevada asabiyyah e procura subjugar e esmagar os sistemas políticos urbanos a partir de bases em zonas rurais e marginais. Os Estados-nação que estão a ser mais minados pelo ISIS são, na sua maioria, construções pós-coloniais com pouca coesão ideológica. Eles próprios estão divididos por divisões étnicas e religiosas.

> O ISIS... é o primeiro grupo modernjihadi a liderar com sucesso um movimento de massas... O ISIS está a tentar despertar a animosidade da classe baixa entre os árabes que foram excluídos por sistemas fechados e corruptos e a dar-lhes identidade. O cerne da sua narrativa é que o mundo árabe é um conjunto de Estados falhados e em decomposição. (Gardner, 2014)

O tratamento pós-captura dos habitantes de Mossul, por exemplo, pode ser visto como uma reminiscência das condições impostas nos primórdios da conquista árabe dos séculos XVII e XVIII, quando as tribos da Península Arábica conquistaram o Médio Oriente, a Pérsia, o Norte de África e o Sul da Europa e difundiram as ideias da religião islâmica. Por exemplo, foram impostos impostos especiais aos não muçulmanos[12] e foram prescritos códigos de vestuário rigorosos para as mulheres. [th]Noutros aspectos, o *modus operandi* do ISIS é claramente mais opressivo para as minorias do que o seu precursor do século XX.

> Em Raqqa... o Estado Islâmico impõe seminários religiosos... É de facto uma interpretação extrema da lei islâmica e uma aplicação extrema da mesma. Atinge todos os aspectos da vida quotidiana das pessoas"... Tem muito poucas semelhanças com o califado histórico... Há muito pouca incorporação das estruturas existentes[13].

No modelo de mudança de Ibn Khaldun, o processo de estabelecimento e a estrutura, uma vez criada, são nitidamente diferentes da fórmula ISIS.

> O Estado Islâmico parece... empenhado numa espécie de limpeza religiosa através do proselitismo: as pessoas devem aderir ao seu credo, o salafismo radical; fugir; ou enfrentar a execução. (Napoleoni, 2014: introdução).

De facto, Ibn Khaldun equiparou a ferocidade na utilização do poder a uma caraterística da cultura primitiva. Isto não significa que as forças políticas ascendentes identificadas em *A Muqaddimah* não fossem capazes de grande crueldade na aquisição do poder. Pelo contrário, tal como Ibn Khaldun sugere, a repressão física é dispendiosa e só é viável a relativamente curto prazo.

---

[12]A autoridade corânica para esta prática não é contestada.

[13]Transcrição de "Life under ISIS rule is worse than we ever imagined, and some fighters and citizens have had enough" na Public Radio International transmitida em 21st fevereiro de 2015, acedido em http://www.pri.ors/stories/2015-02-21/life-under-isis- rule-worse-we-ever-imagined-and-some-fighters-and-citizens-have em 29 de junho de 2015.

Compreendeu perfeitamente o impacto negativo que o autoritarismo e a injustiça tinham na moral da sociedade... O autoritarismo e a tirania contribuem para o declínio da sociedade e para a perda de oportunidades, desenvolvimento e bem-estar. (Moosa, 2015: 117) Na sua discussão sobre a mudança de regime, cita frequentemente as conquistas árabes muçulmanas como ilustrações de uma asabiyyah eficaz. Antes de abraçarem o Islão, as tribos árabes eram "os seres humanos mais selvagens" de sempre. Para Ibn Khaldun, a sua selvajaria era um produto das dificuldades físicas e da brutalidade social das suas vidas. O quadro moral resultante da revelação de Maomé deu-lhes a capacidade de se tornarem civilizados e urbanos. Mais importante ainda, deu-lhes também a capacidade de governar bem. Como Levy-Rubin demonstra na sua análise da conquista muçulmana do século VII:

> ... os próprios povos conquistados desempenharam um papel importante na criação destas políticas [de coexistência]... baseadas em tradições, costumes e instituições de longa data de culturas pré-islâmicas anteriores que tiveram origem nos mundos dos conquistadores e dos conquistados. (Levy-Rubin, 2001: introdução).

Os cristãos, os judeus, os samaritanos, os monofisitas e outras populações recém-subjugadas foram incorporados no sistema político através de acordos que incluíam direitos religiosos e outros direitos para as comunidades não islâmicas. Desta forma, a lealdade ao novo Estado era legitimada:

> ...Os cristãos orientais viviam como pessoas protegidas... Eram subservientes e tinham de pagar a jizya, mas eram muitas vezes autorizados a observar práticas proibidas pelo Islão, incluindo comer carne de porco e beber álcool. Os governantes muçulmanos tendiam a ser mais tolerantes com as minorias do que os seus homólogos cristãos e, durante 1500 anos, as diferentes religiões prosperaram lado a lado. (Griswold, 2015)

No atual MENA, o nacionalismo pode ser visto como tendo uma capacidade de unificação social semelhante.

O nacionalismo tem a ver com a recriação da comunidade. A comunidade da nação substitui as antigas comunidades locais que se desagregaram com o processo da modernidade. Como os laços da sociedade tradicional se desfizeram para muitos, a comunidade nacional tornou-se uma forma de salvar as pessoas do esquecimento pessoal e de restaurar a fé colectiva. (Stevens, 1997: n.p.)

O nacionalismo tem sustentado muitos regimes do Médio Oriente e Norte da África no período pós-colonial, constituindo um líder forte e uma base sólida para os regimes autocráticos, tanto em termos de apoio popular como de legitimidade.

A perda das suas fachadas nacionalistas expôs gradualmente cada regime pelo que ele era: autocrático, elitista, repressivo e explorador... Como Ibn Khaldun argumentaria, tais condições significavam a senilidade do regime e preparavam o caminho para o seu derrube. (Garrison, 2012: 71)

Tendo substituído monarcas absolutos ou colonos estrangeiros, os campeões do nacionalismo árabe tornaram-se vulneráveis à acusação de se tornarem demasiado secularistas e anti-religiosos. Do mesmo modo, como sugere Ibn Khaldun, os novos regimes perderam a lealdade generalizada ou asabiyyah em todo o seu território, quando:

> ...o governante ganha controlo total sobre o seu povo, reclama para si a autoridade real, excluindo-o, e impede-o de tentar participar nela. (Ibn Khaldun, 1969: 233)

Os regimes nacionalistas árabes tornaram-se, de facto, cabalas autoritárias dependentes da liberalização económica e do clientelismo baseados no mecenato. (King, 2009) A narrativa do fundamentalismo islâmico desafiou o Estado nacionalista, mas continuou a ser confrontada com a sua transformação das realidades quotidianas na maior parte doMENA. (Moaddel, 2014)

> O advento da modernidade traz mudanças irreversíveis - centralização política, urbanização, educação - que marginalizam a periferia tribal... (vanBruinessen,2009: 139)

No entanto, a aplicabilidade essencial do modelo de Ibn Khaldun continua a ser convincente, apesar de ele:

> ... viveu e escreveu sobre um mundo que é triplamente estranho à experiência ocidental moderna - ele era um muçulmano medieval que reagia a uma sociedade tribal. (Polk, 2001: 1)

Ao discutir Ibn Khaldun num contexto moderno, vale também a pena notar que a mistura de religião e política não é exclusiva do Islão; o Islão político, tal como o próprio Islão, não é monolítico; e o Islão político não é inerentemente violento. (Sanjeev, 2015) É necessário, portanto, explicitar a estrutura e os processos de um estado khalduniano triunfante, ou seja, uma nova entidade política na fase ascendente do ciclo político. Nesta circunstância, Ibn Khaldun é pragmático, apesar do seu empenhamento pessoal:

> [Defendia uma abordagem instrumental a ser adoptada pelos governantes que precisam de assegurar a estabilidade. No entanto, a sua posição normativa é... clara... a shari'a, como a única   lei - quando

implementada sem corrupção e favoritismo - que assegurará os interesses do governante e dos súbditos. (Gule, 2014: 119) No entanto, Ibn Khaldun não é um pacifista e estabelece condições para o uso justo da violência, mas, apontando o exemplo dos governantes árabes pré-islâmicos, adverte que o uso indiscriminado da violência afasta a população, por vezes ao ponto de se revoltar. (Koch, 2015) Para Ibn Khaldun, as guerras justas são aquelas travadas contra um inimigo "seja ele externo, dinástico ou separatista". (Koch, 2015: 108) Para Ibn Khaldun, o governo justo no seio do regime tem a ver com estabilidade e justiça. Reconheceria certamente a proteção dos direitos de propriedade, que Ibn Khaldun vê como uma condição necessária da civilização. Ibn Khaldun adverte contra o trabalho forçado e os impostos excecionalmente elevados e recomenda várias redes de segurança social para aqueles que se encontram em circunstâncias difíceis. A opressão de um regime é, para Ibn Khaldun, um sinal de decadência e de vulnerabilidade terminal. Não sugere diretamente que os governados tenham o direito de se revoltar, mas o fim do regime é previsível.

Para Ibn Khaldun, a gestão da sucessão era um elemento fundamental da estabilidade do regime. Ele próprio tinha experimentado os perigos da mudança de liderança após a morte ou a destituição do líder "venerado".

Nos principados muçulmanos, tal como nas cidades-estado da Itália contemporânea, os governantes raramente legavam regimes seguros. (Polk, 2001)

Tal como Hobbes, Ibn Khaldun reconhece que é necessária uma autoridade política forte para construir cidades e manter unidos grandes grupos de pessoas.

> O poder e o apoio do grupo são necessários na guerra apenas por causa da firmeza proporcionada pelo afeto mútuo que (os membros da tribo) demonstram uns aos outros na batalha. A firmeza (das pessoas numa cidade) é assegurada pelas muralhas da cidade. (Khaldun, 1969: 435)

O facto de residir numa cidade pode, ao que parece, substituir outros factores de ligação entre as pessoas, como a etnia ou o grupo familiar. É evidente que, seja qual for o grupo, as pessoas precisam de ter um certo sentido de objetivo comum para funcionarem bem. O Estado khalduniano precisava de valores partilhados e, pelo menos no seu tempo, a religião fornecia-os. Não apelava explicitamente ao consentimento dos governados, embora, se essa premissa fosse um elemento essencial do conjunto de valores partilhados, fosse essencial algum tipo de processo para "assegurar" o consentimento. Por outro lado, se o carisma, o legalismo ou a deferência são os valores fundamentais, também estes elementos devem ser salvaguardados. É também necessário que haja congruência entre o fundamento do poder e a sua utilização. Assim, a este respeito, Ibn Khaldun descreve os primeiros traços de uma "dinastia senil":

> ... a autoridade real ganha vida própria e atinge o máximo de luxo e prosperidade e quando o governante controla toda a glória e a tem só para si, é demasiado orgulhoso para deixar que alguém a partilhe. Na medida do possível, ele elimina todas as pretensões nesse sentido, destruindo os seus familiares que são possíveis

candidatos à sua posição e de quem ele suspeita. (Ibn Khaldun, 1969: 372)

Para Ibn Khaldun, o declínio do cumprimento voluntário das leis do Estado era mais um prenúncio de perigo para um regime. A corrupção, a evasão fiscal e o egoísmo tinham anunciado a queda de vários regimes políticos outrora robustos.

> Os súbditos são servos que são protegidos pela justiça. A justiça é algo de familiar e, através dela, o mundo permite. A justiça preserva a lealdade dos súbditos ao soberano. A justiça exige harmonia no mundo. (Rosenthal, 1984: 49)

Uma caraterística da conquista que Ibn Khaldun via como um jogo implacável nas mãos dos novos governantes é a imitação do vencedor pelos vencidos. (Okon, 2014) Como Okon observa tendências semelhantes nos recentes regimes pós-coloniais africanos. Para Ibn Khaldun, quando esta tendência não é controlada:

> ".transformar-se-á numa convicção profunda e levará à adoção de todos os princípios dos vencedores e à imitação de todas as suas características. (Issawi, 1950: 53)

A este respeito, os conquistados podem muito bem incluir os "beneficiários" de *um golpe de Estado,* de *uma* revolução palaciana ou de *uma* reviravolta eleitoral, uma vez reescrita a história da sua "libertação". Ibn Khaldun analisava o facto de, conscientemente ou não, os novos cidadãos reconhecerem as suas próprias deficiências. Ele teria claramente apreciado a cena "o que é que os romanos fizeram por nós" em *A Vida de Brian.* (Jones, 1979*)*

Os povos derrotados mostram sempre uma forte tendência para imitar os costumes dos seus conquistadores em todos os pormenores. (Ibn Khaldun, 1969: 853)

O significado desta imitação de regimes anteriores reside na natureza da mudança que se espera. Por mais radical que seja a nova retórica, é improvável que o novo seja totalmente diferente do antigo, especialmente quando as mudanças simbólicas dão lugar à atividade diária de gestão do Estado.

Conclusão

Ibn Khaldun é claramente perspicaz, sistemático e científico, mas estava a escrever há muito tempo sobre sociedades acerca das quais o conhecimento contemporâneo é relativamente escasso. Tal como Maquiavel, escreve sobre intrigas fascinantes e dilemas políticos envolventes. Os seus discursos são traduzidos a partir de textos árabes arcanos e estão impregnados de juízos sobre a diferença biológica que hoje parecem anacrónicos.

> ...a maioria dos negros da primeira zona vive em cavernas e matagais, come ervas, vive num isolamento selvagem e não se reúne, e come-se uns aos outros.
> (Ibn Khaldun, 1969: 123)

A questão da sua relevância contemporânea para a compreensão das mudanças de regime no Médio Oriente e no Norte de África coloca-se claramente. Como diz Varisco, será que as ideias de Ibn Khaldun foram "modernizadas" fora de contexto? (Varisco, 2005: 177)

Do mesmo modo, há o perigo de procurar ver ciclos khaldunianos em todas as tentativas de mudança de regime e de impor um calendário inadequado ao processo de conquista e senilidade. (Alatas, 2006) As observações de Ibn Khaldun sobre as "gerações" não implicam que, seja qual for a sua definição, todos os sistemas políticos tenham um prazo de validade após o qual a sua continuidade esteja ameaçada. Um tal processo procrusteano delimitaria os conhecimentos que Ibn Khaldun fornece e deturparia a afirmação analítica central de que a mudança política não é um processo linear.

Há um comentário influente sobre o tipo de mudança de regime que o ISIS procura alcançar e que deve ser comparado com exemplos históricos, como as Revoluções Francesa e Bolchevique, em que a violência extrema foi uma caraterística. É evidente que a ferocidade e a opressão podem ser uma caraterística da criação de novos Estados. Como diz McCants:

> Gostaríamos de dizer que tratar bem as pessoas e ter uma boa governação andam de mãos dadas, mas não é o caso
> [14]

---

[14] William McCants fala sobre o tema do seu próximo livro: William McCants, (2015), *The ISIS Apocalypse: The History, Strategy, and Doomsday Vision of the Islamic State,* Londres: Palgrave Macmillan. Citado no *The Irish Times,* 23rd julho de 2015.

O argumento aqui não é que alguns dos regimes mais estáveis de hoje não têm raízes na violência extrema, mas que as observações de Ibn Khaldun sugerem que a ferocidade não é um garante fiável da estabilidade.

A abordagem sistemática de Ibn Khaldun à análise histórica baseou-se em parte nas descrições da época em que viveu e, apesar do quadro cíclico, também reconheceu descontinuidades marcantes e os pontos de viragem que estas poderiam representar.

Quando há uma mudança geral das condições, é como se toda a criação tivesse mudado. (IbnKhaldun, 1969: 80)

O autor tinha em mente a Peste Negra e a invasão mongol, bem como os avanços técnicos evidentes na Europa do seu tempo. No entanto, recorda-nos igualmente que o seu modelo não é um simples ciclo inesgotável de esforço recompensado e decadência.

O modelo de mudança de regime de Ibn Khaldun é um poderoso corretivo à análise dominante da política do Médio Oriente e Norte de África, que sugere uma progressão linear em direção a um resultado democrático. Em vez disso, sugere que a dinâmica subjacente é uma dinâmica de poder, fraqueza e renovação. O seu horizonte temporal deriva da sua investigação empírica e tem de ser moderado por novas provas que sugerem casos de sobrevivência prolongada do regime, bem como de declínio precipitado. No entanto, o processo cíclico central mantém a sua utilidade analítica e aponta a análise para continuidades no tipo de regime, a importância de encorajar a lealdade ao Estado e a centralidade da boa governação.

Bibliografia

Ahmed, A. S. (2005). "Ibn Ibn Khaldun and Anthropology: The Failure of Methodology in the Post 9/11 World", *Contemporary Sociology* 34(6): 591-596.

Ahmed, A. S. (2013). *Islam Under Siege: Living Dangerously in a PostHonor World,* Hoboken NJ: John Wiley & Sons.

Alatas, S. F. (2006). "A Khaldunian Exemplar for a Historical Sociology for the South", *Current Sociology* 54(3): 397-411.

Alatas, S. F. (2007). "A Sociologia Histórica das Sociedades Muçulmanas: Aplicações Khaldunianas", *International Sociology ТЦ3y.* 267-288.

Alatas, S. F. (2013). *Ibn Khaldun,* Oxford: Oxford University Press, 2013.

Ali, S. S. & Javaid Rehman. (2005). "The Concept of Jihad in Islamic International Law", *Journal of Conflict and Security Law* 10(3): 321343.

Choudhury, M. A. (2007). "Development of Islamic economic and social thought"

[Desenvolvimento do pensamento económico e social islâmico]. Em M. Kabir Hassan e Mervyn K. Lewis (eds.), *Handbook of Islamic Banking,* Cheltenham: Edward Elgar, 39-63.

Cuzan, A. G. (2015). "Cinco Leis da Política", *Ciência Política* 48(3): 415419.

Donnelly, J. (1982). "Human Rights and Human Dignity: An Analytic Critique of Non-Western Conceptions of Human Rights", *The American Political Science Review 76(1)'.* 303-316.

Ennaji, M. (ed.). (2014). *Multiculturalismo e Democracia no Norte de África: Aftermath of the Arab Spring,* Londres: Routledge.

Entelis, J. P. (2005). "The Democratic Imperative vs. the Authoritarian Impulse: The Maghrib State Between Transition and Terrorism", *Middle East Journal* 59(4): 537-558.

Esposito, J. L. (2004). *The Oxford Dictionary of Islam (Dicionário Oxford do Islão).* Oxford: Oxford University Press.

Fischel, W. J. (1952). *Ibn Khaldun e Tamerlane: O seu encontro histórico em Damasco, 1401 AD. (803 A. H.) Um estudo baseado em manuscritos árabes da "Autobiografia" de Ibn Khaldun,* Oakland, CA: University of California Press.

Friend, T. (2011). "A Revolta Árabe de 2011: Ibn Ibn Khaldun Encounters Civil Society", Philadelphia PA: Foreign Policy Research Institute Acedido em 28th junho de 2015. Disponível online em http://www.eurasiareview.com/06072011 -the-arab-uprising-of-2011 -ibn-khaldun-encounters-civil-society-analysis/

Fukuyama, F. (1992). *The End of History and the Last Man,* Nova Iorque, NY: Free Press.

Gardner, D. (2014). "A política e não as bombas é a chave para vencer o Isis", *Financial Times* (Londres), 26th setembro. Acedido em 29th junho de 2015. Disponível em http://www.ft.com/intl/cms/s/0/08669916-4412-   He4-baa7-00144feabdc0.html?siteedition=intl#axzz3eTIRNhDv

Garrison, D. H. (2012). *Ibn Khaldun e as Ciências Sociais Modernas: A Comparative Theoretical Inquiry into Society, the State, and Revolution,*   tese   de   mestrado   da Universidade de Denver. Disponível
em https://www.researchgate.net/publication/259864574 Ibn Kh Acedido em 2nd julho de 2015.

Griswold, E. (2015). "Este é o fim do cristianismo no Oriente Médio?" *The New York Times,* 22nd julho. Disponível em http://www.nytimes.com/2015/07/26/magazine/is-this-the-end-of- christianity-in-the-middle-east Acedido em 26th julho de 2015.

Gule, L. (2014). "Ibn Khaldun: Law and Justice in the Science of Civilisation", *Contemporary Philosophy: A New Survey* 12: 119-138.

Hinnebusch, R. num memorando preparado para o workshop "The Arab Thermidor: The Resurgence of the Security State", London School of Economics and Political Science, outubro de 2014, acedido em http://pomeps.org/2014/12/19/a-historical-sociolo gv-approach-to- authoritarian-resilience/ em 19th julho de 2015.

Hodgson, M. G. S. (2009). *The Venture of Islam, Volume 1: The Classical Age of Islam,* Chicago IL: University of Chicago Press.

Ibn Khaldun, (1969), *The Muqaddimah: an introduction to history,* Princeton NJ: Princeton University Press.

Ibn Khaldun, Abd Ar Rahman bin Muhammed, (c.1400), *The Muqaddimah,* traduzido por Franz Rosenthal p. 303, acedido em https://asadullahali.files.wordpress.com/2012/10/ibn khaldun- al muqaddimah.pdf em 7th junho de 2015

Issawi, C. (Tradutor). (1950). *Uma Filosofia Árabe da História: Selections from the Prolegomena of Ibn Khaldun of Tunis,* Londres: John Murray.

Joffe, G. (2011). "A primavera Árabe no Norte de África: origens e perspectivas", *The Journal of North African Studies* 16 (4): 507-532.

Jones, T. (1979). *The Life of Brian,* Londres: HMF.

Khalil, E. L. (2007). "Ibn Khaldun on Property Rights", *Journal of Institutional Economics* 3 (2): 227-238.

King, S. J. (2009). *The New Authoritarianism in the Middle East and North Africa,* Bloomington IN: IndianaUniversityPress.

Koch, B. (2015). *Padrões que legitimam a violência política em perspectivas transculturais: Tradições e Legado Islâmico e Cristão,* Nova Iorque NY: Walter de Gruyter.

Leong, D. (2015). "Porque é que o ISIS apela às mulheres muçulmanas nos países ocidentais: Need for Counter Message", *RSIS Commentary* 136/2015.

Levy-Rubin, M. (2011). *Non-Muslims in the Early Islamic Empire: From Surrender to Coexistence,* Cambridge: Cambridge University Press.

McCants, W. (2015). *The ISIS Apocalypse: The History, Strategy, and DoomsdayVision of the Islamic State,* Londres: Palgrave Macmillan.

Moaddel, M. (2014). "Modalidades de Soberania Nacional: Territorial Nationalism versus Islamic Fundamentalism in Muslim-Majority Countries", *Population Studies Center Report 14-816,* Ann Arbor, MI: Population Studies Center.

Moosa, E. (2015). "Teologia política no rescaldo da primavera Árabe". Em Charles Villa-Vicencio, Erik Doxtader e Ebrahim Moosa, (eds), *The African Renaissance and the Afro-Arab Spring: A Season of Rebirth?,* Washington, DC: Georgetown University Press.

Napoleoni, L. (2014). *The Islamist Phoenix: The Islamic State (ISIS) and the Redrawing of the*

Middle East, New York NY: Seven Stories Press.

Oduntan, G. (2015). "As disputas fronteiriças em África vão aumentar - mas há formas de as travar", *The Conversation.* Acedido em http://theconversation.com/uk/who-we-are a 13th de julho de 2015.

Okon, E. E. (2014). "Missões cristãs e domínio colonial em África: Objective and Contemporary Analysis", *European Scientific Journal* 10(17): 192-209.

Ottaway, D. & M. Ottaway. (1970), *Algeria: The Politics of a Socialist Revolution,* Oakland, CA; University of California Press.

Polk, W. R. (2001). "Encontros com Ibn Khaldun". Acedido em http://www.williampolk.com/assets/encounters-with-ibn- khaldun.pdf a 30 de junho de 2015.

Polk, W. R. (2009). *Understanding Iran: Everything You Need to Know, From Persia to the Islamic Republic, from Cyrus to Ah-madinejad,* New York NY: Palgrave Macmillan.

Rabi, M. M. (1967). *The Political Theory of Ibn Khaldun.* Leiden: Brill.

Rivetti, P. Recensão do livro de Kamran Bokhari e Farid Senzai, (2013), *Political Islam in the Age of Democratization,* New York NY: Palgrave Macmillan, in *Democratization* 22 (3): 580.

Rosenthal, F. (1984). "Ibn Khaldun no seu tempo". Em Bruce B. Lawrence, (ed.), *Ibn Khaldun and Islamic Ideology,* Leiden NL: Brill Academic.

Said, A. A. (1980). "Os direitos humanos na perspetiva islâmica". Em Adamantia. Pollis, e Peter Schwab, (eds.), *Human Rights: Cultural and Ideological Perspectives,* Nova Iorque, NY: Praeger.

Sanjeev, K. H.M. (2015). "Respondendo às críticas ocidentais do mundo muçulmano: Deconstructing the Cliche of Islamophobia and the Genealogies of Islamic Extremism", *British Journal of Middle Eastern Studies* 42 (4): 579-598.

Stevens, D. (1997). "Nationalism and religion", *Studies: an Irish quarterly review* 86 (343).

Tomar, C. (2008). "Between Myth and Reality: Approaches to Ibn Khaldun in the Arab World", *Asian Journal of Social Science* 36 (3): 590-611.

Van Bruinessen, M. (2009). "Sufismo, Islão 'Popular' e o Encontro com a Modernidade". Em Muhammad Khalid Masud, Armando Salvatore e Martin van Bruinessen, (eds.), *Islam and Modernity: Key Issues and Debates,* Edinburgh: Edinburgh University Press.

Varisco, D. M. (2005). *Islam Obscured: The Rhetoric of Anthropological Representation,* Basingstoke: Palgrave Macmillan.

Wood, G. (2015). "What ISIS Really Wants", *The Atlantic* 315 (2), disponível emhttp://www.theatlantic.com/features/archive/2015/02/what- isis-really-wants/384980/

acedido em 1st agosto de 2015.

Zubaida, S. (2009). "Political Modernity" [Modernidade política]. Em Muhammad Khalid Masud, Armando Salvatore e Martin van Bruinessen, (eds.), *Islam and Modernity: Key Issues and Debates,* Edinburgh: Edinburgh University Press.

Printed by Books on Demand GmbH, Norderstedt / Germany